纳税风险管理案例分析

寇娅雯 ◎ 著

中国财经出版传媒集团
中国财政经济出版社

图书在版编目（CIP）数据

纳税风险管理案例分析 / 寇娅雯著 . -- 北京 ： 中国财政经济出版社，2023.6

ISBN 978-7-5223-2172-1

Ⅰ. ①纳… Ⅱ. ①寇… Ⅲ. ①企业管理—税收管理—风险管理—案例—中国 Ⅳ. ① F812.423

中国国家版本馆 CIP 数据核字（2023）第 072774 号

责任编辑：陈志伟 责任印制：史大鹏

封面设计：卜建辰 责任校对：张 凡

纳税风险管理案例分析

NASHUI FENGXIAN GUANLI ANLI FENXI

中国财政经济出版社 出版

URL：http：//www.cfeph.cn

E-mail：cfeph @cfemg.cn

社址：北京市海淀区阜成路甲 28 号 邮政编码：100142

营销中心电话：010-88191522

天猫网店：中国财政经济出版社旗舰店

网址：https：//zgczjjcbs.tmall.com

北京时捷印刷有限公司印刷 各地新华书店经销

成品尺寸：170mm × 240mm 16 开 13.75 印张 222 000 字

2023 年 6 月第 1 版 2023 年 6 月北京第 1 次印刷

定价：68.00 元

ISBN 978-7-5223-2172-1

（图书出现印装问题，本社负责调换，电话：010-88190548）

本社质量投诉电话：010-88190744

打击盗版举报热线：010-88191661 QQ：2242791300

PREFACE

前言

近年来，随着经济形势和社会需求的发展变化，我国税收政策也在相应地更新和调整，企业对于税收工作的重视程度与日俱增。企业在经营发展过程中，面临着多种税务风险，这些税务风险具有隐蔽性强、涉及业务环节多等特点，企业必须加以重视，否则将给企业带来较大的经济损失，乃至信用受损。因此，为规避纳税风险，企业应当按照我国最新税法要求，加强纳税风险识别，强化纳税风险管控，完善税收筹划方案，从而为企业创造价值，实现税后利润最大化，有利于企业在激烈的市场竞争中持续健康发展。

鉴于纳税风险识别和管控的重要性，为了满足纳税人防范税务风险的需求，笔者在工作实务的基础上编写了这本纳税实务工具书，供企业财务人员参考。本书详细分析了税务风险产生的原因及其表现形式，归纳总结了各税种纳税过程中的税务风险规避方法和有效措施，希望能够帮助企业财务人员对照自查，及时规避。具体而言，本书主要分为十个章节。第一章对税务风险、税务风险管理与防范以及税务风险控制进行概述；从第二章开始，从增值税、企业所得税、个人所得税、房产税、土地增值税、契税、印花税以及城镇土地使用税出发，并对其他税种查缺补漏，找出企业纳税环节容易出现的79个纳税风险点，描述基本情况、总结基本规定，进而通过案例示范的方式为财会工作者提供经验和借鉴。

本书以税务风险为研究对象，结合具体工作实务观察、审视和发掘企业在纳税实践中经常遇到而又模糊不清的税务风险问题，专注细节、深挖案例，力求帮助企业合理运用好税收优惠政策，加强纳税风险防范意识，完善风险防控体系建设，强化纳税风险管控能力，进一步提升财税管理水平。在本书编写过程中，一是坚持政策时效性，逐一核实当前最新税收政策，确保纳税风险点及其案例示范符合国家最新税收调整政策，降低风险和不确定性；二是坚持操作实用性，不仅对于纳税风险的相关理论进行阐述，还注重引导读者进行实践操作，具有较强的实用性；三是坚持内容完备性，既有理论也有实操，既有税收政策解析又有具体操作实践，涵盖实务中主要税种纳税风险，详略得当，内容完备；四是坚持形式创新性，以案例为依据，发挥案例"以例论理"的重要作用，真正做到"一个案例胜过一打文件"，让枯燥无味的法律条文变得生动有趣，让读者由被动学习转变为主动学习。

本书通过大量实务案例和现行有效的政策法规，力求成为企业财务人员和管理者在纳税风险防范中的必备指导工具书。在编写过程中，得到了多位企业财务人员的支持和帮助，在此一并表示感谢。由于税务风险的多样性、变化性和复杂性，也限于笔者的学识水平，本书仅作为工作参考，不作为执法依据或决策建议。对于书中存在的缺憾和不足之处，敬请广大读者不吝赐教。

作者

2023年4月

3.3 错误申报资产总额、从业人数导致应享受小型微利企业税收优惠政策而未享受，或不应享受小型微利企业税收优惠政策而进行了享受…………70
3.4 申报时，是否国家禁止性行业或者高新企业选择错误导致应享受税收优惠政策而未享受或不应享受税收优惠政策而进行了享受…………73
3.5 为职工缴纳的基本养老保险费、基本医疗保险费、失业保险费、工伤保险费、生育保险费等基本社会保险费和住房公积金，未依照规定的范围和标准内税前扣除，超出部分未调增应纳税所得额…………74
3.6 加计扣除超出规定标准和范围…………76
3.7 企业所得税预缴及汇算清缴收入额明显小于同期增值税申报收入额…………78
3.8 纳税人将开发产品用于捐赠、赞助、职工福利、奖励、分配给股东或投资入股、拍卖、换取其他单位和个人的非货币资产等，未视同销售申报纳税…………82
3.9 罚没支出、赞助支出等不应税前扣除而进行了扣除…………84
3.10 捐赠支出不满足税法规定的公益性捐赠支出条件，或者超过年度利润总额12%的部分（除国务院财政、税务主管部门另有规定外）未做纳税调增…………85
3.11 当年发生符合条件的广告费和业务宣传费支出，超过当年销售（营业）收入15%（除国务院财政、税务主管部门另有规定外），超过部分未调增当年应纳税所得额…………88
3.12 发生的与生产经营活动有关的业务招待费支出没有按照税前扣除标准（不超过发生额的60%且不超过当年销售营业收入的5‰）进行申报，超过部分未调增应纳税所得额…………90
3.13 关联企业成本、投资者或职工生活的个人支出、离退休福利、对外担保费用等与生产经营无关的成本费用，以及各类代缴代付款项（代扣代缴个人

所得税、委托加工代垫运费等）在税前扣除，未进行纳税调整 …… 91

第4章　个人所得税纳税风险点案例分析 …… 95

4.1　发放非任职于本公司的独立董事报酬，未按"劳务报酬"所得规定计算缴纳个人所得税 …… 95
4.2　自然人投资方股权变更交易发生增值的，到市场监督管理局进行投资方变更前未进行个人所得税的申报缴纳 …… 96
4.3　专项附加应享受未享受，或不应享受而进行了享受，或填写扣除信息不真实 …… 97
4.4　发放非任职于本公司的独立董事报酬，未按"劳务报酬"所得规定计算缴纳个人所得税 …… 101
4.5　全年一次性奖金单独计税办法在一个纳税年度内多次使用 …… 103
4.6　个人多处取得的收入未合并缴纳个人所得税 …… 104
4.7　企业解除劳动关系而支付给个人的一次性补偿金，超过当地上年职工平均工资3倍的部分未按工资、薪金所得代扣代缴个人所得税 …… 106
4.8　发放给职工的各类补贴、奖金、实物、购物卡、礼品等，未折算价值作为工资薪金并按税法规定减除费用扣除标准后，按"工资、薪金所得"应税项目扣缴个人所得税 …… 107
4.9　企业为员工缴纳的养老保险、医疗保险、失业保险和住房公积金超过允许标准的部分未扣缴个人所得税 …… 109

第5章　房产税纳税风险点案例分析 …… 111

5.1　纳税人取得以房屋为载体，不可随意移动的附属设备和配套设施的价款未按规定计入房产原值申报缴纳房产税 …… 111

5.2 房屋租金收入未申报或未按期申报、未如实申报 ········ 112

5.3 免税单位将其自用房产用于非免税用途（出租等）未进行申报缴税 ································ 114

5.4 因房产的实物或权利状态发生变化而依法终止房产税纳税义务的，未及时报告修改税源信息 ············ 116

5.5 企业同时存在应税和减免税房产，征免界限划分不清，导致错误申报缴税 ························ 117

5.6 申请享受房产税困难减免优惠的，没有按规定办理减免税核准手续，自行少计算缴纳税款的 ············ 121

5.7 跨区房产税源未进行信息报告，导致房产税漏缴 ········ 125

第6章 土地增值税纳税风险点案例分析 ······················ 127

6.1 申请注销前未按土地增值税相关应税项目进行清算，并计算缴纳土地增值税 ···························· 127

6.2 在预售房地产时未按房地产类型和预征率分别申报预缴土地增值税 ···································· 130

6.3 将开发产品用于职工福利、奖励、对外投资、分配给股东或投资人、抵偿债务、换取其他单位和个人的非货币性资产等发生所有权转移的用途，未视同销售申报纳税 ·· 133

6.4 预缴过程中有增值税但无土地增值税预缴 ·············· 137

6.5 达到应清算或可清算条件而未进行清算 ················ 142

6.6 房地产开发企业以其建造的商品房进行投资和联营，未申报缴纳土地增值税 ···························· 145

6.7 转让国有土地使用权、地上建筑物及其附着物时，对未办理土地使用权证而转让土地的情况，未计算缴纳土地增值税 ···························· 147

6.8 在转让土地权属时，转让价格明显偏低且无正当理由，少申报缴纳土地增值税 ·························· 149

第 7 章　契税纳税风险点案例分析 …… 151

7.1　以划拨方式取得土地使用权再转让的，未对补交的土地出让价款和其他出让费用等补缴相应契税 …… 151

7.2　将国有划拨用地改变土地性质为出让地时，未以补缴的土地出让价款为计税依据缴纳相应的契税 …… 153

7.3　在转让房屋和土地权属时，转让价格明显偏低且无正当理由导致少申报缴纳契税 …… 154

7.4　按规定支付的土地出让金、土地补偿费、安置补助费、地上附着物、青苗补偿费、拆迁补偿费、市政建设配套费等未纳入计算缴纳契税 …… 155

第 8 章　印花税纳税风险点案例分析 …… 158

8.1　签订购销合同或具有合同性质的凭证（包括供应、预购、采购、购销结合及协作、调剂、补偿、易货等合同）在签订时未按购销金额依“购销合同”税目计税贴花。特别是调剂和易货合同，未包括调剂、易货的全额（另有规定的除外） …… 158

8.2　房屋和土地使用权出让合同、转让合同未按照“产权转移书据”申报印花税 …… 160

8.3　投资方股权变更，到市场监督管理局进行股权变更登记的，未到税务机关申报缴纳印花税 …… 163

8.4　企业签订由受托方提供原材料的加工、定作合同，合同中不划分加工费金额与原材料金额的，没有按全部金额，依照“加工承揽合同”计税贴花。合同中分别记载加工费金额与原材料金额的，在签订时未分别按“加工承揽合同”“购销合同”计税合计贴花 …… 167

8.5　企业已贴花的应税合同，在修改后增加所载金额的，未对增加金额部分补缴印花税。对已签订但未履行的合同未按规定缴纳印花税 …… 170

8.6 税率税目适用错误风险。同一凭证，因载有两个或者两个以上经济事项而适用不同税目税率的，若分别记载金额的，应分别计算应纳税额，相加后按合计税额贴花；若未分别记载金额的，按税率高的计税贴花……171
8.7 签订无金额的框架合同时未贴印花税或仅贴5元印花，实际结算时未按规定补贴印花税……174

第9章 城镇土地使用税纳税风险点案例分析……176

9.1 取得土地使用权后，未按规定及时、准确进行税源信息登记，未申报城镇土地使用税……176
9.2 申报的城镇土地使用税面积少于土地信息登记面积或土地面积发生变化未及时报告修改税源信息，导致城镇土地使用税申报不实……179
9.3 企业因房产、土地的实物或权利状态发生变化应依法终止城镇土地使用税纳税义务的，未及时办理义务终止……181
9.4 企业同时拥有应税土地和免税土地，征免界限划分不清，错误申报缴税……186
9.5 申请享受城镇土地使用税困难减免优惠的，没有按规定办理减免税核准手续，自行少计算缴纳税款的……189
9.6 跨区土地税源未进行信息报告，导致城镇土地使用税漏缴……193

第10章 其他税种纳税风险点案例分析……195

10.1 未按依法实际缴纳的增值税、消费税为计税依据计算申报缴纳城市维护建设税、教育费附加、地方教育费附加……195
10.2 未按所在地区适用税率申报纳税，混淆适用税率进行纳税申报……196

10.3 挂车等无须购买和未及时购买交强险的车辆，未申报缴纳车船税 …… 198
10.4 车船用于抵债期间，持有抵债车船方，未申报车船税 …… 199
10.5 开采或者生产能源矿产、金属矿产、非金属矿产、水气矿产、盐未申报资源税 …… 201
10.6 免税车辆因转让、改变用途等原因，其免税条件消失的，未在免税条件消失之日起60日内到主管税务机关重新申报纳税 …… 204
10.7 残疾人就业保险金应申报未申报 …… 205
10.8 个人所得税申报的单位职工人数、单位职工工资总额与残疾人保障金申报信息不匹配 …… 207

第 1 章

税务风险与税务风险管控

1.1 税务风险概述

1.1.1 税务风险的概念

税务风险有广义和狭义之分。广义的税务风险，是指税务机关或纳税人因违反税收法律法规等原因导致未来利益损失的可能性，包括税务机关征税和纳税人纳税两个方面的风险。狭义的税务风险，是指纳税人因未能正确、有效遵守税法而导致企业未来利益的可能损失，包括因没有遵守税法可能遭受的法律制裁、财务损失或声誉损害，具体体现为补税、加收滞纳金、税收行政处罚、税收刑事处罚、信用和商誉下降等。通常的税务风险是指狭义的税务风险，即企业的税务风险。下面介绍与大家息息相关的企业税务风险。

1.1.2 税务风险产生的原因

税务风险的产生既有企业内部原因，也有企业外部原因。

1.1.2.1 引起税务风险的企业内部原因

引起税务风险的企业内部原因主要涉及以下3个方面。

（1）企业及其经营管理者的纳税意识。

有些企业纳税意识不强，片面地强调少缴纳税收，甚至不考虑减少纳税金额的方式和方法，反而授意或唆使财务人员通过非法手段达到降低税负的目的。这类行为一旦被发现，后果往往非常严重，如成都恩威集团公司涉税案就是例证，当时该公司因偷税被补税罚款超过1亿元。企业经营管理者纳税意识偏差是产生税务风险的首要原因。

（2）企业涉税人员的业务素质。

在日常的经营活动中，企业财务或税务人员由于自身业务素质的限制，以及税收法规、财务法规的复杂性，可能会出现对有关税法的理解偏差，虽然主观上没有违法的意愿，但在客观上没有按照税法有关规定去操作，事实上会造成偷税等违法行为的出现，同样会给企业带来税务风险。

（3）企业内部的管理制度。

完整的内部管理制度是企业防范税务风险的基础。内部管理制度包括财务制度、风险管理制度等。内部管理制度是否健全、科学、合理，从根本上决定了企业防范税务风险的能力。如果缺乏完整、系统的内部管理制度，企业就不能从源头上防范税务风险。

1.1.2.2　引起税务风险的企业外部原因

引起税务风险的企业外部原因主要涉及以下2个方面。

（1）税收政策变化。

由于我国正处于经济变革时期，为了适应经济发展的需要，税收政策的变化比较频繁，不够稳定。如果企业不及时调整自己的涉税业务以适应税收政策的变化，就有可能使自己的纳税行为由合法转变为不合法，从而产生税务风险。

（2）税务执法力度。

随着我国国民经济的发展和国家财政支出的不断增长，国家对税收检查和处罚的力度也在不断加强。从国家税务总局到地方各级税务机关，都不断出台新的规范税务征管和检查的政策文件。税务机关执法力度的整体加强、税务执法自由裁量权的运用，也会引起或加大企业的税务风险。

1.1.2.3　未按期申报办理变更、注销税务登记

企业成立后，应“在领取营业执照之日起30日内办理税务登记”，这一规定大家可能比较清楚，但可能会忽视变更、注销税务登记的步骤。

1.1.3　税务风险的种类

企业税务风险从法律规范角度看，可分为违反税务管理风险、违反纳税义

务风险和违反发票管理风险3类。

企业税务风险从风险的表现形式上看，可分为法律制裁风险、财务损失风险和声誉损害风险3类。险是“偷税”，其后果可能是涉及“偷税”违法，轻的可能会被处以少缴税款50%至5倍的罚款，重的可能会触犯“逃避缴纳税款罪”（以前称“偷税罪”）。

1.2　常见的税务风险

1.2.1　违反税务管理风险

1.2.1.1　未按期申报办理变更、注销税务登记

根据相关法律法规：领在营业执照签发之日起30日内要办理税务登记，当月建账。企业必须要有一名专业会计，根据原始的票据凭证，为企业做账。

纳税人应当自工商行政管理机关办理变更登记之日起三十日内，持下列有关证件向原主管国家税务机关提出变更登记书面申请报告。

（1）营业执照；

（2）变更登记的有关证明文件；

（3）国家税务机关发放的原税务登记证件（包括税务登记证及其副本、税务登记表等）；

（4）其他有关证件。

关于变更税务登记，应当自工商行政管理机关变更登记之日，或者税务登记内容实际发生变化之日，或者自有关机关批准或宣布变更之日起30日内，申报办理变更税务登记。

关于注销登记，终止纳税义务的纳税人，应当在向工商行政管理机关或者其他机关办理注销登记前，不需要在工商行政管理机关或者其他机关办理注册登记的，应当自有关机关批准或者宣告终止之日起15日内，办理注销税务登记；被吊销营业执照或者被其他机关予以撤销登记的，应当自营业执照被吊销或者被撤销登记之日起15日内，办理注销税务登记。

1.2.1.2　未按照规定保管账簿、记账凭证和有关资料

在账簿设置和保管上，容易忽略的是账簿、凭证和其他财务资料的保管。有些企业对财务资料的保管不到位，认为过了两三年，税务机关一般不查了，涉税资料就可以销毁了，从而忽视了其法定保管期限。账簿、记账凭证、报

表、完税凭证、发票、出口凭证以及其他有关涉税资料应当至少保存10年。特别对发票存根联、出口凭证、工资表等没有装订进会计凭证的资料，更应注意。如果擅自销毁账簿等财务资料，除了被处以1万元以下罚款外，还可能被认定为是偷税行为。

1.2.1.3 未按照规定将全部银行账号向税务机关报告

很多企业在办理税务登记时，因为怕麻烦或其他原因，只将基本结算账户报告给税务机关，而未报告所有银行账户。若有此类情况，除可能被罚款外，还容易被选为税务检查的对象，增加税务风险。

1.2.1.4 阻挠税务机关检查

企业有配合税务机关进行税务检查的义务。纳税人、扣缴义务人逃避、拒绝或者以其他方式阻挠税务机关检查的，由税务机关责令改正，可以处1万元以下的罚款；情节严重的，处1万元以上5万元以下的罚款。阻挠税务机关检查的行为包括以下4种情形。

（1）提供虚假资料，不如实反映情况或者拒绝提供有关资料的。

（2）拒绝或者阻止税务机关记录、录音、录像、照相和复制与案件有关的情况和资料的。

（3）在检查期间，纳税人、扣缴义务人转移、隐匿、销毁有关资料的。

（4）有不依法接受税务检查的其他情形的。

1.2.2 违反纳税义务风险

1.2.2.1 偷税

表现形式：纳税人伪造、变造、隐匿、擅自销毁账簿、记账凭证，或者在账簿上多列支出或者不列、少列收入，或者经税务机关通知申报而拒不申报或进行虚假的纳税申报，不缴或者少缴应纳税款。扣缴义务人采取前述手段，不缴或者少缴已扣、已收税款，按偷税处理。

法律责任：纳税人偷税的，由税务机关追缴其不缴或者少缴的税款、滞纳金，并处不缴或者少缴的税款50%至5倍的罚款；构成犯罪（逃避缴纳税款罪）的，依法追究刑事责任。

企业一旦由于不当行为，被税务机关认定存在“偷税”行为，则不仅要负补缴税款的责任，同时会被加收滞纳金、罚款甚至被追究刑事责任。而且，除了上述有形责任外，还可能给企业的信誉造成损失，使其他企业因这种偷税行为而对该企业的信用产生怀疑，不愿再与其合作，这种无形的损失可能会比有形的损失更为严重。企业只有依法、按期、据实申报纳税，才可能避免“偷税”的风险。

1.2.2.2　不申报，不缴或少缴税款

表现形式：纳税人不进行纳税申报，不缴或者少缴应纳税款。

法律责任：由税务机关追缴其不缴或者少缴的税款、滞纳金，并处不缴或者少缴的税款50%至5倍的罚款。

企业对无法判定是否需要申报纳税的业务，要及时咨询税务机关；同时，企业应该注意纳税申报的期限和准确性，防止因超期申报或少申报带来税务风险。

1.2.2.3　编造虚假计税依据

表现形式：计税依据是指用于计税的资料和依据。编造虚假计税依据是指未直接影响到当前实际缴纳税款金额，但会对未来的税款计算产生影响的行为，如以少计收入方式多计亏损，在经调整后未正确计入所得税应纳税款的行为。

法律责任：纳税人、扣缴义务人编造虚假计税依据的，由税务机关责令限期改正，并处5万元以下的罚款。

1.2.2.4　视同销售少计税款（流转税、企业所得税）

工业企业在计算增值税时，要注意是否将自产商品、产品、货物或不动产用于下列10个项目而未作视同销售处理：①用于非应税项目；②用于集体福利或个人消费；③对外投资；④分配给股东或投资者；⑤无偿赠送他人；⑥交付他人代销；⑦销售代销货物；⑧异地移送用于销售的货物；⑨用于换入非货币性资产；⑩用于抵偿债务。

《企业所得税法》规定：企业发生非货币性资产交换，以及将货物、财产、劳务用于捐赠、赞助、集资、广告、样品、职工福利和利润分配等用途的，应当视同销售货物、转让财产和提供劳务，国务院财政、税务主管部门另有规定的除外。对视同销售的业务，如会计上未作为收入处理，应在企业所得税纳税申报时进行纳税调整，调增应纳税所得额。

【例1–1】视同销售少计流转税、所得税。

某县城某一般纳税人工业企业，于2019年12月外购一批小商品，

该企业在该批小商品上印制本单位名称及产品商标后，对外赠送给有关业务单位。购进该批商品的增值税专用发票上注明价款100 000元，增值税进项税额13 000元。该商品无同类产品销售价格，成本利润率为10%。会计分录如下。

借：销售费用　　　　　　　　　　　　　　100 000

　　贷：库存商品　　　　　　　　　　　　　　100 000

该企业2019年营业收入为3 000 000元，发生广告和业务宣传费435 000元，已按税前会计利润总额350 000元申报缴纳企业所得税。未申报纳税调整。

解析：

①分析。

本例涉及视同销售、广告和业务宣传费超标两个问题。根据规定，纳税人将自产、委托加工或购买的货物无偿赠送他人，应视同销售货物，按规定缴纳增值税、城市维护建设税和教育费附加。赠送产品属业务宣传费支出，应与广告费合并，在营业收入的15%内限额扣除。

②补税计算。

应补增值税=100 000×（1+10%）×13%=14 300（元）（计入“销售费用——业务宣传费”）

应补城市维护建设税=14 300×5%=715（元）

应补教育费附加=14 300×3%=429（元）

广告和业务宣传费扣除限额=3 000 000×15%=450 000（元）

广告和业务宣传费调增额=435 000+（100 000+14 300）−450 000

=99 300（元）

注：新税法规定，企业所得税计算视同销售金额时，赠送商品属外购的，可按购买价计收入。

纳税调整净额=99 300−（14 300+715+429）=83 856（元）

应补企业所得税=83 856×25%=20 964（元）

1.2.2.5　预收账款未按规定申报纳税

纳税人转让土地使用权、销售不动产或者提供租赁业劳务，采取预收款方式的，其营业税纳税义务发生时间为收到预收款的当天。

1.2.2.6　成本费用超标未进行企业所得税纳税调整

企业已列支的成本费用，应按照企业所得税规定的税前扣除标准在税前扣除，超过扣除标准或限额的，应在企业所得税纳税申报时调增应纳税所得额。

1.2.2.7　不得扣除项目等税法与会计差异未进行纳税调整

有些项目，在会计规定上是可以列支的，但在税法上规定不能扣除。这些项目的会计处理虽然正确，但也应注意在企业所得税纳税申报时调增应纳税所得额。不予扣除项目包括以下9项。

（1）向投资者支付的股息、红利等权益性投资收益款项。

（2）企业所得税税款。

（3）税收滞纳金。

（4）罚金、罚款和被没收财物的损失。

（5）超过国家规定的公益性捐赠及非公益性捐赠。

（6）非广告性的赞助支出。

（7）未经核定的准备金支出（各项资产减值准备等准备金）。

（8）企业之间支付的管理费、企业内营业机构之间支付的租金和特许权使用费以及非银行企业内营业机构之间支付的利息。

（9）与取得收入无关的其他各项支出。

法律责任［风险点（4）—（7）］：按具体情况，依不进行纳税申报少缴税款或偷税处理。均涉及补税、滞纳金和少缴税款50%至5倍的罚款。

1.2.2.8　少扣缴个人所得税

（1）少扣缴工资、薪金所得个人所得税。

企业发放业绩提成、销售奖金，或为员工报销个人费用，未并入工资、薪金所得计税。企业以现金、有价证券、低于市场价的购房优惠等形式发给个人的与业绩挂钩的提成、奖金收入，应全额计入领取人的当期工资、薪金所得。

公司管理人员，特别是公司高层管理人员，工资性收入未全额入账，未足额扣缴个人所得税。例如一些民营企业的高管的入账工资在个人所得税工资、薪金所得月扣除额上下，明显与市场行情不符。

（2）少扣缴股息、利息、红利所得个人所得税。

企业为个人股东、投资者本人及其亲属支付个人费用，或者企业出资购买房屋、汽车，所有权人（业主）却写成股东；或者股东向企业借款，在一个纳税年度内未归还又未用于生产经营，应视为股东从公司分得了股利，必须代扣代缴股息、红利所得个人所得税。以上相关费用不得计入企业成本费用，以免给企业带来额外的税负，增加企业的税务风险。

法律责任（少扣缴个人所得税）：未按规定扣缴个人所得税的，对扣缴义务人由税务机关责成补扣税款，并处不扣或者少扣税款50%至3倍的罚款。

1.2.3 违反发票管理风险

发票是企业重要的商事证明和法定的付款凭证。企业在接受经营服务以及从事其他经营活动中，应当按照规定开具、使用和取得发票。违反发票管理的税务风险，逐渐成为主要和严重的税务风险。违反发票管理法规的行为包括：未按照规定印制、领购、开具、取得、保管发票，以及未按规定接受税务机关检查等。

常见的违反发票管理税务风险主要有以下2种。

（1）未按规定开具发票。

（2）未按规定取得发票（以其他凭证代替发票使用）。

法律责任：未按规定开具或取得发票，属于违反发票管理法规，轻则由税务机关责令改正，没收非法所得，并处1万元以下的罚款，导致他人未缴、少缴或者骗取税款的，由税务机关没收非法所得，并处未缴、少缴或者骗取的税款1倍以下的罚款；重则会被追究刑事责任。另外，违反发票管理法规两次以上或者情节严重的，税务机关可以向社会进行公告。

如何防范发票管理风险呢？首先，企业在销售商品和提供劳务时要按规定向付款方开具发票，如房地产企业在收取预售楼款时，要按规定全额开具发票。其次，还要注意在购货和接受劳务付款时，按规定索取发票。这是维护自身合法权益的需要，也是防范税务风险的重要措施。该取得发票时不索取，若对方未足额纳税，应取得发票方会被处以对方少缴税款1倍的罚款。这种“别人偷税你买单”的“冤大头”当不得。还有，在接受发票时，要注意辨别发票的真伪，谨防取得不合法的发票，产生未按规定取得发票的风险。

一般来说，发票真伪查询主要可通过以下几种方式来进行。

（1）电话查询。采用此种方式进行查询，企业相关负责人可拨打查询电话“12366”，根据通话提示选择相应业务，输入发票代码进行查询。一般情况下，此种查询方式相对来说较为便捷。

（2）税务门户网站查询。通过税务门户网站来进行发票查询，企业财务负责人可搜索所在地相对应的税务门户网站，在站内找到“网上发票查询”模块点击进入，然后根据提示填写发票类别、代码、号码、开票日期、价税合计等相应信息进行查询。

（3）微信查询。现如今，部分省市国税局官方微信推出了“发票查询”功能。纳税人只需关注相应微信公众号，并根据提示点击“发票查询”进行查阅即可。

（4）全国增值税发票查验平台。全国增值税发票查询平台是国家税务总局推出的用于查询增值税专用发票、增值税普通发票、货物运输业增值税专用发票、机动车销售统一发票的网上发票查验平台。运用此种方法进行发票真伪查询，纳税人可搜索“全国增值税发票查验平台”进行登录并查询。

1.3　税务风险管理与防范

1.3.1　企业税务风险管理的含义

企业税务风险管理是企业风险管理的分支。企业的各项活动均会产生相应的会计核算，而会计核算的方法直接影响企业的税务核算，因此，税务风险的管理，也就是企业内部控制中对于税务方面的管理。

1.3.2　企业税务风险管理的环境

企业税务风险管理由董事会负责督导并参与决策。董事会和管理层应将防范和控制税务风险作为企业经营管理的一项重要内容，同时倡导遵纪守法、诚信纳税的税务风险管理理念，增强员工的税务风险管理意识。

1.3.3　企业税务风险管理的目标

（1）企业税务风险管理的主要目标包括：税收筹划、经营决策和日常经营活动、纳税申报等事宜符合税法规定。

（2）税务事项的会计处理符合相关会计制度或准则以及相关法律法规的规定。

（3）建立防止企业产生偷税、漏税行为的机制。

1.3.4　企业税收管理的基本目标是防范税务风险与创造税务价值

防范风险与创造价值是当代税务管理的两大首要目标！

防范风险与创造价值是相辅相成的，因为一个目标脱离了另一个目标的支持就不可能得以实现。成功的税务管理应该既能够确保企业遵守税法，防范税务风险，又能够为企业提供好的节税建议，创造税务价值。

1.3.4.1 税务风险

税务风险是指企业税务责任的一种不确定性，如企业被税务机关检查、稽查，承担过多的税务责任，或是承担补税、缴纳滞纳金和罚款的责任，甚至被追究刑事责任。

（1）政策方面。对需遵守的风险政策未能透彻理解，对收入、成本、扣除的确认不准确，对会计与税法差异的纳税调整不完整。

（2）数据方面。进行纳税评估时不了解评估指标的含义，自我测评时未掌握税务约谈技巧，导致补缴税款或税务稽查。

1.3.4.2 创造税务价值

创造税务价值，一般包括两项内容：有形价值和无形价值。

有形价值主要是指在合乎法律的前提下合理避税，帮助企业创造价值，如进行税收筹划等。

无形价值则主要是指良好的税务管理可以帮助企业形成良好的声誉，提升企业的社会形象，有助于企业吸引人才，提升在资本市场的表现等。

1.3.5 企业税务风险管理制度的主要内容

企业税务风险管理制度主要包括以下内容：

（1）税务风险管理组织机构、岗位和职责。

（2）税务风险识别和评估的机制和方法。

（3）税务风险防范和应对的机制和措施。

（4）税务信息管理体系和沟通机制。

（5）税务风险管理的监督和改进机制。

1.3.6 企业税务风险管理的组织

企业应结合生产经营特点和内部税务风险管理要求设立税务管理机构和岗位，并明确岗位职责和权限。

企业税务管理组织应建立科学有效的职责分工和制衡机制，确保税务管理的不相容岗位相互分离、制约和监督。

1.3.7　企业税务风险管理机构的主要职责

企业税务风险管理机构的主要职责如下：

（1）制定和完善企业税务风险管理制度和其他涉税规章制度。

（2）参与企业重大经营决策的税务影响分析，提供税务风险管理建议。

（3）组织实施企业税务风险的识别、评估与监测，并采取应对措施。

（4）指导和监督有关职能部门、各业务单位以及全资、控股企业开展税务风险管理工作。

（5）建立税务风险管理的信息和沟通机制。

（6）组织税务培训，并向本企业其他部门提供税务咨询。

（7）开展纳税申报、税款缴纳和账簿凭证、涉税资料的准备与保管等工作。

1.3.8　企业税务风险的表现形式

企业税务风险表现为因没有遵守税法可能遭受的法律制裁、财务损失或声誉损害。

企业税务风险主要包括两个方面：一方面是企业纳税行为不符合税收法律法规规定，如应纳税而未纳税、少纳税，从而面临补税、罚款、加收滞纳金、刑事处罚及声誉损害等风险；另一方面是企业经营行为适用税法不准确，如没有用足有关优惠政策，多缴纳了税款，承担了不必要的税收负担。

1.3.9　企业税务风险的类别及原因

1.3.9.1　企业税务风险的类别

（1）不同来源的税务风险。

①来自税务部门等执法部门显示企业少缴税、晚缴税的风险。

②来自企业自身的多缴税、早缴税的风险。

（2）不同内容的税务风险。

①具体税种的风险，如增值税风险、企业所得税风险等。

②日常管理的风险，如因违反纳税申报、税务登记、发票管理等规定产生的风险等。

（3）不同性质的税务风险。

①偷漏税等违法违规行为的风险。

②多缴税款等不违法违规行为的风险。

1.3.9.2 企业产生税务风险的原因

（1）用企业管理代替税务管理。

（2）用情理观念代替税法规定。

（3）税收观念的更新落后于税收征管的进步。

（4）制度建设缺失。

（5）机构人员不到位。

（6）由于税收规定较烦琐，政策变化、更新速度快，企业财务人员往往难以准确把握相关规定，造成信息滞后的风险。

（7）某些生产经营流程会导致潜在的税务风险。涉及销售确认、混合销售和销售时点等问题，往往不能准确把握。

（8）由于决策者在进行决策时对税务风险的研究不够透彻，导致无意识少缴或多缴税款。

1.3.10 企业税务风险管理的基本方法

（1）强调服务，注重改进服务方式和方法，提高服务质量和水平，建立和谐税收征纳关系。

（2）管理环节前移，变事后管理为事前管理和事中监督，提前发现和防范税务风险。

（3）提高企业自我遵从度，正确引导企业利用自身力量实现自我管理，只有着力于企业自我遵从，才能从根本上解决大企业税务管理对象复杂与管理资源短缺这一突出矛盾。

（4）实行个性化管理，针对企业面临的不同税务风险制定差异化管理措施和方法。

（5）将控制重大税务风险摆在首位，着重关注企业重大经营决策、重要经营活动和重点业务流程中的制度性和决策性风险，有针对性地关注账务处理和会计核算等操作层面的风险。

（6）加强对子公司的税务风险管理。

①提高税务风险防范意识，从被动管理向主动管理转变。

②建立税务风险管理体系，从事后管理向事前管理转变。

③提升税务风险管理层面，从防风险为主向创效益为主转变。

④建立税务信息管理系统，为税务风险管理提供信息基础和技术保障。

（7）负责税务的人员应及时整理最新税收政策，深入研究，找出其对企业的影响，并进行相应的会计处理。

（8）从业务处理流程上入手，从根本上控制税务风险。

（9）决策时应十分谨慎，并进行必要的税务咨询。

1.3.11　营改增后集团“资金池”管理中的税务风险及管控策路

1.3.11.1　集团“资金池”管理中的税务风险分析

（1）“资金池”成员企业收到的资金池存款利息是否应缴纳增值税。

①结算中心管理“资金池”。

结算中心管理“资金池”模式下，子公司收取“资金池”存款利息必须缴纳增值税。

财税〔2016〕36号文件的规定：一般纳税人的贷款服务的增值税税率为6%。贷款，是指将资金贷与他人使用而取得利息收入的业务活动。各种占用、拆借资金取得的收入，包括金融商品持有期间（含到期）利息（保本收益、报酬、资金占用费、补偿金等）收入、信用卡透支利息收入、买入返售金融商品利息收入、融资融券收取的利息收入，以及融资性售后回租、押汇、罚息、票据贴现、转贷等业务取得的利息及利息性质的收入，按照贷款服务缴纳增值税。

基于此规定，结算中心管理“资金池”模式下，子公司从集团公司结算中心收取的存款利息，属于通过资金占用而取得的收入，必须缴纳增值税。

②财务公司管理“资金池”。

财务公司属于金融机构，“资金池”成员企业从财务公司取得的存款利息，和在银行取得存款利息一样，不需要缴纳增值税。

（2）集团“资金池”收取借款利息是否缴纳增值税。

无论是结算中心管理“资金池”模式，还是财务公司管理“资金池”模式，只要是成员企业从“资金池”借入资金，都属于企业拆借行为。因此，集团母公司向成员企业收取的“资金池”借（贷）款利息应缴纳增值税。

另外，《贷款通则》（中国人民银行令第2号）第六十一条规定：各级行政部门和企事业单位、供销合作社等合作经济组织、农村合作基金会和其他基金会，不得经营存贷款等金融业务。企业之间不得违反国家规定办理借贷或者变相借贷融资业务。结算中心管理“资金池”模式下，集团母公司向成员企业放贷，违反了《贷款通则》的规定，存在较大的金融违法风险；由于财务公司具有独立法人地位和经营金融业务的资格，其向成员企业放贷符合《贷款通则》的规定，不存在金融违法风险。

（3）集团“资金池”收取的借款利息能否在成员企业税前扣除。

①“资金池”的性质对扣除的影响。

根据《中华人民共和国企业所得税法实施条例》第三十八条规定，非金融企业向金融企业借款的利息支出、金融企业的各项存款利息支出和同业拆借利息支出、企业经批准发行债券的利息支出准予扣除；对于非金融企业向非金融企业借款的利息支出，不超过按照金融企业同期同类贷款利率计算的数额的部分准予扣除。

基于此规定，由于财务公司属于非银行金融机构，成员企业支付给它的利息支出可全额扣除。而结算中心管理“资金池”模式下，成员企业的利息支出则只能在不超过金融企业同期同类贷款利率计算的数额内准予扣除。

②关联关系对扣除的影响。

无论是财务公司管理“资金池”模式还是结算中心管理“资金池”模式，集团母公司与成员企业都会形成关联关系。为了实现企业集团利益最大化，为了减轻集团整体的税收负担，企业集团往往借助关联企业之间的存、贷款业务，通过“资金池”设定不同的存、贷利率来调节企业利润。为防止关联企业通过转让定价的方法转移利润，操纵整个集团所属企业的税负情况，《中华人民共和国企业所得税法》规定，企业与关联方的业务往来不符合独立交易原则而减少企业或其关联方应纳税所得额的，税务机关可以按照符合独立交易原则的定价原则和方法进行调整。另外，《财政部 国家税务总局关于企业关联方利息支出税前扣除标准有关税收政策问题的通知》（财税〔2008〕121号）规定，金融企业债资比为5∶1，除金融企业以外的其他企业的关联债资比为2∶1，而债资比便是关联方债权性投资与其权益性投资的比例，项目公司从“资金池”接受的债权性投资（借款）与权益性投资超过2∶1部分而发生的利息支出，不得在计算应纳税所得额时扣除。

③利息单据对扣除的影响。

从目前所接触的企业来看，无论是采取财务公司管理“资金池”模式，还是结算中心管理“资金池”模式，从“资金池”取得利息收入均未使用国税局监制的发票。财务公司一般使用自制的经银监局备案的票据，结算中心则使用收据作为结算凭证。

实务中，税务机关对于财务公司开具的经银监局备案的票据通常予以认可，各子公司可以凭此类票据做税前扣除；而对于结算中心开具的收据，税务机关通常将其认定为不合规票据，不允许在所得税税前列支。此时企业可到税务机关代开利息发票，但代开利息发票时，税务机关会要求收取利息的企业缴纳增值税及附加，收取利息方为个人的，还要缴纳股息红利个人所得税。

（4）集团与“资金池”成员企业签订的借款合同是否应缴纳印花税。

根据《中华人民共和国印花税法》规定，在借款合同中，银行及其他金融组织和借款人（不包括银行同业拆借）所签订的借款合同按借款金额万分之零点五贴花，纳税义务人为立合同人，单据作为合同使用的，按合同贴花。因为财务公司属于金融组织，所以其和子公司签订的借款合同应缴纳印花税；而结算中心不是金融机构，其与子公司签订的借款合同不用缴纳印花税。

1.3.11.2　集团“资金池”中税务风险的管控策略

（1）尽量采用财务公司运作模式。

从上面的分析来看，采用结算中心运作模式，不仅存在违法放贷的金融风险，还存在子公司存款利息缴纳增值税的纳税风险，并且支付的利息还要受到关联债资比例的约束，问题比较多；而采用财务公司运作模式则可以避免这些问题。所以对于“资金池”的管理运作，推荐采用财务公司运作模式。当然，成立财务公司要比成立结算中心门槛高、程序复杂，但从规避金融和税务风险的角度看，还是合适的。

（2）利息税前扣除尽量不受关联债资比例的约束。

《财政部 国家税务总局关于企业关联方利息支出税前扣除标准有关税收政策问题的通知》（财税〔2008〕121号）中，尽管第一条规定了非金融企业的关联债资比例，但第二条又规定：企业如果能够按照税法及其实施条例的有关规定提供相关资料，并证明相关交易活动符合独立交易原则的；或者该企业的实际税负不高于境内关联方的，其实际支付给境内关联方的利息支出，在计算应纳税所得额时准予扣除。

企业集团的财务部门或内设税务部门应就能证明相关交易活动符合独立交易原则和支付利息企业的实际税负不高于境内关联方的资料与主管税务机关进行充分的沟通，并在规定时间内上报这些资料，以尽量确保企业支付的利息能全额得到税前扣除。

（3）结算中心管理模式下尽量套用统借统还的税收政策。

财税〔2016〕36号文件附件3《营业税改征增值税试点过渡政策的规定》第一条第（十九）项规定：统借统还业务中，企业集团或企业集团中的核心企业以及集团所属财务公司按不高于支付给金融机构的借款利率水平或者支付的债券票面利率水平，向企业集团或者集团内下属单位收取的利息，不缴纳增值税；统借方向资金使用单位收取的利息，高于支付给金融机构借款利率水平或者支付的债券票面利率水平的，应全额缴纳增值税。

1.4 税务风险控制

1.4.1 建立基础信息系统

企业建立基础信息系统的要点如下：

（1）企业应及时汇编本企业适用的税法法规并及时更新。

（2）建立并完善其他相关法律法规的收集和更新系统，确保企业财务会计系统的设置、更改与法律法规的要求同步，保证会计信息的输出能够反映法律法规的最新变化。

（3）企业应根据业务特点和成本效益原则，将信息技术应用于税务风险管理的各项工作，建立涵盖风险管理基本流程和内部控制系统各环节的风险管理信息系统。

（4）企业的基础信息系统对风险管理的实施有很大影响，全面、有效的基础信息系统可以降低税务信息的产生、处理、传递和保存中存在的税务风险，防患于未然。

1.4.2 建立税务风险预测与控制系统

建立税务风险预测与控制系统是企业进行纳税风险控制的核心，该系统应包括税务风险检验、税务风险评估、税务风险预警与控制3个环节。

其中：税务风险检验是企业通过组织调查，分析企业现有经营行为，理清哪些经营行为涉及税款缴纳问题，审查即将执行的税务筹划方案，预测潜在的税务风险的过程；税务风险评估则是企业对具体经营行为涉及的税务风险进行鉴别、定性分析，以及数量测算，并明确责任人的过程；税务风险预警与控制则是企业对检查、评估出的税务风险提出预警，制定相关控制方案，组织相关税务管理人员实施方案的过程。

1.4.3　制定税务风险控制流程，设置税务风险控制点

《国家税务总局关于印发〈大企业税务风险管理指引（试行）〉的通知》（国税发〔2009〕90号）强调企业内部的税务机构设置和人员配置、岗位职责和授权、风险评估和重要业务流程内控、技术运用和信息沟通等与税务风险管理直接相关的内容。

企业应遵循风险管理的成本效益原则，在整体管理控制体系内，制定税务风险应对策略，合理设计税务风险管理的流程及控制方法，设置税务风险控制点，采取人工控制机制或自动化控制机制，建立预防性控制与发现性控制机制。

针对重大税务风险所涉及的管理职责与业务流程，制定覆盖各环节的全流程控制措施；对其他风险所涉及的业务流程，合理设置关键控制环节，采取相应的控制措施；协同相关职能部门，管理日常经营活动中的税务风险。

1.4.4　重点关注企业重大事项，跟踪监控税务风险

企业重大事项包括企业战略规划、重大经营决策、重要经营活动等。

企业战略规划包括全局性组织结构规划、产品和市场战略规划、竞争和发展战略规划等。

企业重大经营决策包括重大对外投资、重大并购或重组、经营模式的改变以及重要合同或协议的签订等。

企业重要经营活动指关联交易价格的制定、跨国经营业务的策略制定和执行等。

企业的战略规划、重大经营决策和重要经营活动关乎企业的兴衰与存亡，具有复杂的复合风险，其中也包括税务风险。这些事项因其重要性不允许企业存在过高的风险，因此，企业税务风险管理部门不但要在事前分析、识别、防范税务风险，更应着重跟踪、监控税务风险。

1.4.5　划分税务风险应对策略

按照税务风险发生的可能性及其对企业造成影响的大小，可以将企业税务风险应对策略划分为避免、转移、小心管理或可接受等。

对于发生概率较大且影响程度较深的税务风险，企业应当尽量避免，以

免危及生存；对于影响程度较低、发生可能性较大的风险，可以采取转移的策略；对于影响程度较深、发生可能性较小的风险应当小心管理，力求将风险控制在合理范围内；对于影响程度和发生可能性都较低的风险，可以选择可接受的策略。

1.4.6 税务风险控制的3项纪律

1.4.6.1 要正意识——树立正确的税务风险管理意识

税务风险已成为当今企业的常态风险，这就要求每个企业的管理层和业务人员在从事各项经济活动时，必须树立正确的税务风险管理意识。企业应当做到依法诚信纳税、依法办理涉税事务，如办理税务登记（包括减免税登记），建立健全内部会计核算系统，准确计算税金，按时申报、足额缴纳税款，严格按规定开具、索取发票和相应的凭据。在从事涉税业务活动（如签订合同）时，要特别关注涉税合同的条款及其法律效力，避免涉税条款因违反税法而丧失法律效力，防止对涉税条款产生歧义和误解，尽量避免税务风险。

1.4.6.2 要明目标——明确税务风险管理目标

在税务风险管理过程中，应该明确税务风险管理的目标。税务风险管理的主要目标包括以下5个方面。

（1）税务规划具有合理的商业目的，并符合税法规定。

（2）经营决策和日常经营活动考虑税收因素的影响，符合税法规定。

（3）对税务事项的会计处理符合相关会计制度或准则以及相关法律法规的规定。

（4）纳税申报和税款缴纳符合税法规定。

（5）税务登记、账簿与凭证管理、税务档案管理以及税务资料的准备和报备等涉税事项符合税法规定。

1.4.6.3 要建制度——建立税务风险管理制度

企业应该结合自身的经营情况、税务风险特征和已有的内部风险控制体系，建立相应的税务风险管理制度。税务风险管理制度主要包括以下5个方面。

（1）税务风险管理组织机构、岗位和职责。

（2）税务风险识别和评估的机制和方法。

（3）税务风险控制和应对的机制和措施。

（4）税务信息管理体系和沟通机制。

（5）税务风险管理的监督和改进机制。

1.4.7　税务风险防范和控制的6项措施

在税务风险防范和控制上应该采取6项措施，即提素质、定规程、控重点、常体检、慎筹划、勤沟通。

1.4.7.1　提素质——提高企业涉税人员业务素质

提高企业涉税人员业务素质，是有效防范企业税务风险的基础，企业涉税人员不限于财务人员，还包括企业管理层和销售、采购等业务管理人员。企业应采取各种行之有效的措施，利用多种渠道，帮助财务、业务等涉税人员加强税收业务政策的学习，使其及时了解、掌握和更新税务知识，提高运用税法武器维护企业合法权益、规避税务风险的能力，为降低和防范税务风险奠定良好的基础。

1.4.7.2　定规程——制定税务风险防范控制规程

税务风险防范控制与企业的具体业务活动密切相关。企业在制定税务风险防范控制规程时，应当汇集纳税人涉税活动所依据的法律、法规、政策，并对其进行研究，避免陷入法律纠纷。当出现政策疑问时，应及时向税务机关咨询，在法律许可的范围内制定不同的防控规程。在这个过程中，企业除了要准确计算应纳税额、进行会计处理外，还要对影响税务风险的各因素将来可能发生的变动进行分析，防止由于各因素的变化产生不必要的税务风险。企业应当加强对涉税人员的培训与沟通，加强相关部门和人员对税务风险防控规程内容的理解，并加强对税务风险控制效果进行检查和监督。

1.4.7.3　控重点——重大事项关键风险重点监控

企业重大事项包括企业战略规划、重大经营决策、重要经营活动（如关联交易价格的制定）等。企业的战略规划、重大经营决策和重要经营活动关乎企业的兴衰与存亡，具有复合风险，其中也包括税务风险。这些事项因其重要性不允许企业存在过高的风险，因此，企业税务风险管理部门不但要在事前分析、识别、防范税务风险，更应着重跟踪、监控税务风险。企业应针对重大税务风险所涉及的管理职责和业务流程，制定覆盖各个环节的全流程控制措施；对其他风险所涉及的业务流程，合理设置关键控制环节，采取相应的控制措施。

1.4.7.4　常体检——定期进行涉税业务健康检查

为保证依法纳税、安全纳税，实现税务风险最小化，企业应定期对涉税业务开展风险评估，即纳税“健康”检查，一经发现问题，立即改正。企业既可以采用内部检查或评估的方法，也可以聘请税务师事务所进行税务审计。对自查评估或税务审计中发现的涉税问题，应及时采取账务调整、补正申报等措施进行纠正，消除隐藏在过去经济活动中的税务风险。企业应根据税务风险自查和评估的结果，考虑税务风险管理的成本和效益，在整体管理控制体系内，制定税务风险应对策略，建立和完善内部控制机制，合理设计税务风险管理的流程及控制方法，全面防范和消除税务风险。

1.4.7.5 慎筹划——进行税务筹划注意风险控制

税务筹划是企业财务管理活动的一个组成部分。正确的税务筹划可以减少纳税人的税收成本，但企业常常会忽视税务筹划的机会成本，同时，税务筹划本身也有成本支出，可能会产生税务筹划收益与成本不对等的风险。有些人认为，税务筹划只要不违法即“合法”，其实税务筹划是否合法往往还需要得到税务机关的确认，如果不被税务机关认可，或者被认为是“形式合法但实质违法”，甚至被认为是恶意偷税行为，则会带来税务风险。合理的税务筹划应以尊重税法为前提。进行税务筹划时，应理解和尊重税法的实质，要特别关注税务筹划的风险控制，防范和控制企业税务风险。

1.4.7.6 勤沟通——加强税企沟通，降低税务风险

企业要加强与税务机关的联系和沟通。一方面是在日常税务业务中，企业要及时向税务机关了解税收政策的最新变化，对有疑问的税收政策和新业务，应及时向税务机关进行业务咨询和沟通，争取与其对税法的理解达成一致，使税务处理方法得到税务机关的认可，在事前和事中化解风险。另一方面是企业要积极配合税务机关的税务检查：在检查前，应按要求做好自查和资料准备工作；在检查中，应积极配合税务机关的检查取证工作。这既是企业作为纳税人应尽的法定义务，也能给企业创造良好的形象，有利于涉税问题得到从轻处理和及时整改，以免产生不必要的损失，从而在事后降低税务风险。另外，在日常经营活动中，企业要协调处理好内外关系，特别是在处理敏感问题和各种纠纷时，应规范操作，尽量以和为贵，消除因被恶意举报遭受税务检查的可能性，避免人为增加税务风险的情况出现。

第2章 增值税纳税风险点案例分析

2.1 存在混合销售或兼营业务，未进行有效区分或人为将混合销售作为兼营

2.1.1 基本情况（见表2–1）

表2–1 存在混合销售或兼营业务的纳税风险分析

序号	税种	风险环节	风险要素	具体税收风险描述	风险易发行业
1	增值税	申报缴税	税率税额	存在混合销售或兼营业务，未进行有效区分或人为将混合销售作为兼营	所有行业

2.1.2 基本规定

《中华人民共和国增值税暂行条例》第三条规定：纳税人兼营不同税率的项目，应当分别核算不同税率项目的销售额；未分别核算销售额的，从高适用税率。

《财政部 国家税务总局关于全面推开营业税改征增值税试点的通知》（财税〔2016〕36号附件1）第三十九条规定：纳税人兼营销售货物、劳务、服务、无形资产或者不动产，适用不同税率或者征收率的，应当分别核算适用不同税

率或者征收率的销售额；未分别核算的，从高适用税率。

《财政部 国家税务总局关于全面推开营业税改征增值税试点的通知》（财税〔2016〕36号附件1）第四十条规定：一项销售行为如果既涉及服务又涉及货物，为混合销售。从事货物的生产、批发或者零售的单位和个体工商户的混合销售行为，按照销售货物缴纳增值税；其他单位和个体工商户的混合销售行为，按照销售服务缴纳增值税。本条所称从事货物的生产、批发或者零售的单位和个体工商户，包括以从事货物的生产、批发或者零售为主，并兼营销售服务的单位和个体工商户在内。

【例2-1】

品税阁科技根据采购方个性化需求，制造出售一套环保专用设备，合同约定必须把设备运送到对方的仓库中去方才完成合同义务。在这项业务中既涉及服务又涉及货物，这套设备既是被销售的对象，也是运输服务的标的，品税阁科技将出售环保专用设备视为销售货物，而运送设备视为运输服务单独计税。但是，卖设备加运输这两个动作是一个完整的整体，不能拆算，违反任何一项义务均导致设备销售合同整体违约，所以这项业务实质上是一项销售行为，属于混合销售，应该整体确认为销售货物缴纳增值税。

除销售条款外，品税阁科技在合同中订立了三年的保养条款，即在完成产品销售交付后，提供三年的产品保养服务并单独约定价款。这些保养条款就不能和前面的销售构成一项销售行为，因为销售行为已经完成，如果事后不提供保养服务并不能导致合同整体违约，货物销售和保养服务二者是独立存在、可以拆分的，应该分别确认为销售货物和服务。

品税阁大酒店在客房中销售饼干、泡面、袜子等小商品，因为这些小商品和住宿服务相互独立，小商品既不是住宿服务的标的，也不属于住宿服务过程必须的消耗品，货物与服务并无密切关联，因此不属于混合销售，属于兼营行为，销售商品和提供酒店住宿服务的行为应该分别核算。

2.2　生产经营范围涉及多个税率，将高税率经营项目使用低税率申报

2.2.1　基本情况（见表2-2）

表 2-2　　生产经营范围涉及多个税率的纳税风险分析

序号	税种	风险环节	风险要素	具体税收风险描述	风险易发行业
2	增值税	申报缴税	税率税额	生产经营范围涉及多个税率，将高税率经营项目使用低税率申报	所有行业

2.2.2　基本规定

《中华人民共和国增值税暂行条例》第三条规定：纳税人兼营不同税率的项目，应当分别核算不同税率项目的销售额；未分别核算销售额的，从高适用税率。

《财政部 国家税务总局关于全面推开营业税改征增值税试点的通知》（财税〔2016〕36号附件1）第三十九条规定：纳税人兼营销售货物、劳务、服务、无形资产或者不动产，适用不同税率或者征收率的，应当分别核算适用不同税率或者征收率的销售额；未分别核算的，从高适用税率。

【例2-2】

营改增后，对快递业按照收派服务和交通运输业两个行业进行税务管理，造成纳税人对税收法规理解、适用以及核算上的困难，也增加了税务机关的征管难度。邮政服务适用9%的税率，快递业中的“收派服务”适用税率6%。收派服务与交通运输服务界定不明，使营改增税率适用问题难以解决。收派服务，是指接受寄件人委托，在承诺的时限内完成函件和包裹的收件、分拣、派送服务的业务活动。收件服务，是指从寄件人收取函件和包裹，并运送到服务提供方同城的集散中心的业务活动。邮政服务中的邮政普遍服务，是指函件、包裹等邮件寄递，以及邮票发行、报刊发行和邮政汇兑等业务活动。由此可见，收派业务显然是没有包括异地的运输。如提供全流程服务的快递业，向客户收取的全部价款和价外费用既涉及税率为6%的收派服

务又涉及税率为11%的运输服务。收件时按照收费标准收取的是按照全流程将函件和包裹投递到户的服务费用。比如，客户有一个快件从南昌邮往北京，快递费25元，快递公司需要对25元按照跨城运输费用和收派服务拆分，分别适用11%和6%两档税率，正确的涉税处理是将该笔收入按照合理的方法划分为不同税率的销售额申报纳税，并以此为依据开具不同税率的增值税发票。

快递业按照两个税率征收增值税，给企业带来极大的核算困难，对税务机关来说也增加了征管难度，加大了税收征管成本。高税率收入与低税率收入如何划分，现行政策没有明确的划分方法，存在纳税人将税率高的应税服务申报为税率低的应税服务的风险，即少缴税款的风险。快递业营改增按照两个行业两个税率政策征收，在实际执行过程中落实难度大。据了解，目前绝大部分快递公司都是从原来的物流公司拆分出来的，将运输工具转让给另一个专门从事运输服务的公司，将收取函件和包裹交给运输公司运输，取得收入按照收派服务6%低税率缴税，收取11%税率的运输发票进行抵扣。

2.3 既有适用简易计税的业务，同时有适用一般计税方法的业务，但未分开核算，计税方法混淆不清

2.3.1 基本情况（见表2–3）

表2–3　　存在适用两种计税方法的不同业务的纳税风险分析

序号	税种	风险环节	风险要素	具体税收风险描述	风险易发行业
3	增值税	申报缴税	计税方法	既有适用简易计税的业务，同时有适用一般计税方法的业务，但未分开核算，计税方法混淆不清	所有行业

2.3.2 基本规定

《财政部 国家税务总局关于全面推开营业税改征增值税试点的通知》（财税〔2016〕36号附件1）第二十七条第（一）项规定：下列项目的进项税额不得从销项税额中抵扣：（一）用于简易计税方法计税项目、免征增值税项目、集

体福利或者个人消费的购进货物、加工修理修配劳务、服务、无形资产和不动产。

第三十四条规定：简易计税方法的应纳税额，是指按照销售额和增值税征收率计算的增值税额，不得抵扣进项税额。

【例2–3】

甲公司主要从事建筑工程施工、建筑装修装饰工程施工业务，属于增值税一般纳税人。该公司2017年度共有施工项目6个，其中增值税选择简易计税办法计税项目共有项目A、项目B两个；2018年度共有施工项目8个，其中增值税选择简易计税办法计税项目共有项目C、项目D两个。该公司在2017年、2018年购进货物、劳务和服务用于施工取得了22张增值税专用发票，全部抵扣了增值税进项税额。

建筑企业中的增值税一般纳税人可以就不同的项目，分别依法选择适用一般计税方法或简易计税方法。在企业实际经营过程中，纳税人购进货物、劳务和服务很可能用于多个项目，而购进货物、劳务、服务、无形资产和不动产用于简易计税方法计税项目的不允许抵扣进项税额。甲公司购进货物、劳务和服务用于简易计税项目的部分抵扣了增值税进项税额，税务核算方面存在问题。因此，纳税人在抵扣进项税额时需要注意，该笔购进的货物、劳务和服务是否用于了简易计税项目，是否不得抵扣进项税额，应当注意划分和区别，以免造成不必要的涉税风险和经济损失。

2.4　增值税申报收入与企业所得税申报收入差异过大

2.4.1　基本情况（见表2–4）

表 2–4　增值税申报收入与企业所得税申报收入差异过大时的纳税风险分析

序号	税种	风险环节	风险要素	具体税收风险描述	风险易发行业
4	增值税	申报缴税	计税依据	增值税申报收入与企业所得税申报收入差异过大	所有行业

2.4.2 基本规定

《中华人民共和国增值税暂行条例》第一条规定：在中华人民共和国境内销售货物或者提供加工、修理修配劳务以及进口货物的单位和个人，为增值税的纳税人，应当依照该条例缴纳增值税。

《中华人民共和国企业所得税法》第六条规定：企业以货币形式和非货币形式从各种来源取得的收入，为收入总额。包括：（一）销售货物收入；（二）提供劳务收入；（三）转让财产收入；（四）股息、红利等权益性投资收益；（五）利息收入；（六）租金收入；（七）特许权使用费收入；（八）接受捐赠收入；（九）其他收入。

《中华人民共和国企业所得税法》第七条规定，收入总额中的下列收入为不征税收入：（一）财政拨款；（二）依法收取并纳入财政管理的行政事业性收费、政府性基金；（三）国务院规定的其他不征税收入。

《财政部 国家税务总局关于专项用途财政性资金企业所得税处理问题的通知》（财税〔2011〕70号）第一条规定：企业从县级以上各级人民政府财政部门及其他部门取得的应计入收入总额的财政性资金，凡同时符合以下条件的，可以作为不征税收入，在计算应纳税所得额时从收入总额中减除：（一）企业能够提供规定资金专项用途的资金拨付文件；（二）财政部门或其他拨付资金的政府部门对该资金有专门的资金管理办法或具体管理要求；（三）企业对该资金以及以该资金发生的支出单独进行核算。

【例2-4】

一般情况下，增值税计税依据与企业所得税收入口径是基本一致的，如一般性的货物销售。特殊情况下会有较大差异，如采用预收款方式销售建筑服务涉及的增值税及企业所得税等。本案例属于一般性的货物销售，增值税计税依据却与企业所得税收入口径有较大差异，风控部门据此发出预警信息。

S省国税局风控中心在比对Y市J发电有限公司（以下简称“J公司”）2012年、2013年、2014年三个年度纳税申报表、财务报表后发现，该公司每个年度申报的增值税应税收入比同期企业所得税申报收入要高数千万元，差额占比约2.2%，由于风险等级较高，省局风控中心将预警信息推送到J公司所在地主管税务机关Y市国税局，Y市国税局要求稽查局立案进行稽查。

调查原因以后发现，原来，几年前，J公司根据政府要求吸收合并了一家濒临破产的老国有发电厂。根据相关协议，J公司在接收该企业资产的同时，对职工进行了安置，并承担了较高的安置费用支出。由于J公司吸收合并老国有发电厂本质上是一项“政治”任务，所以，为平衡J公司利益，政府出台文件，以临时电价补贴，即以J公司上网电价每度提高0.01元的形式给J公司补偿。

每个月，该公司售电时，按照电价全额开具增值税专用发票（含0.01元临时电价补贴的价格），计入主营业务收入，计提销项税额（单位：万元，下同）。

借：应收账款　　117

　　贷：主营业务收入　　100

　　　　应交税费——应交增值税——销项税额　　17

当月底，该公司按照发电量计算出临时电价补贴金额，以负数形式直接冲减主营业务收入，账务处理如下：

借：其他应收款　　2.2

　　贷：主营业务收入　　-2.2

这样的会计处理导致了增值税应税收入与企业所得税应税收入不一致，在企业所得税年度申报时，该单位未进行纳税调整。

根据企业所得税法规定：“企业以货币形式和非货币形式从各种来源取得的收入，为收入总额。包括（一）销售货物收入……”J公司取得的临时电价补贴为实际售电从国家电网公司取得的价款，属于收入，应计入收入总额。

那么，取得的临时电价补贴收入是不是属于不征税收入呢？关于不征税收入，《财政部 国家税务总局关于专项用途财政性资金企业所得税处理问题的通知》（财税〔2011〕70号）明确要求要符合三个条件：企业能够提供规定资金专项用途的资金拨付文件；财政部门或其他拨付资金的政府部门对该资金有专门的资金管理办法或具体管理要求；企业对该资金以及以该资金发生的支出单独进行核算。

J公司向电网企业收取的电价补贴，是政府特批的一个销售价格政策，该收入并非来自政府，本质是企业售电取得的收入，不是不征税收入，更不是免税收入，所以，不计入当期企业所得税应纳税所得额是不正确的。

该公司收取临时电价补贴冲减收入的行为违反了企业所得税法相关规定，少计了三个年度的应纳税所得额，少缴了企业所得税。最终企业补缴了税款，加收了滞纳金并被处以少缴税款50%的罚款。

本案例提醒纳税人：要注意自我检查增值税应税收入与企业所得税收入申报情况，一旦出现明显差异就应分析原因，如属少计收入、少申报缴纳了企业所得税或增值税，应予以纠正，以免留下隐患。

2.5 企业部分收入未视同销售申报缴纳增值税

2.5.1 基本情况（见表2–5）

表 2–5 未视同销售申报纳税的纳税风险分析

序号	税种	风险环节	风险要素	具体税收风险描述	风险易发行业
5	增值税	申报缴税	计税依据	将开发产品用于捐赠、赞助、职工福利、集体福利、奖励、分配给股东或投资入股、拍卖、换取其他单位和个人的非货币资产等，未视同销售申报纳税	所有行业

2.5.2 基本规定

《中华人民共和国增值税暂行条例实施细则》第四条规定，单位或者个体工商户的下列行为，视同销售货物：（一）将货物交付其他单位或者个人代销；（二）销售代销货物；（三）设有两个以上机构并实行统一核算的纳税人，将货物从一个机构移送其他机构用于销售，但相关机构设在同一县（市）的除外；（四）将自产或者委托加工的货物用于非增值税应税项目；（五）将自产、委托加工的货物用于集体福利或者个人消费；（六）将自产、委托加工或者购进的货物作为投资，提供给其他单位或者个体工商户；（七）将自产、委托加工或者购进的货物分配给股东或者投资者；（八）将自产、委托加工或者购进的货物无偿赠送其他单位或者个人。

《中华人民共和国企业所得税法实施条例》第二十五条规定：企业发生非

货币性资产交换，以及将货物、财产、劳务用于捐赠、偿债、赞助、集资、广告、样品、职工福利或者利润分配等用途的，应当视同销售货物、转让财产或者提供劳务，但国务院财政、税务主管部门另有规定的除外。

【例2-5】

税务部门对某服装企业A公司开展2018—2020年度税务风险排查，发现企业2018年10月的一份记账凭证（单位：万元）：

借：应付职工薪酬——职工福利费　　67.8
　贷：原材料——面料　　50
　　　辅助材料——服装辅料　　10
　　　应交税费——应交增值税——进项税额转出　　7.8

经过进一步了解，税务人员发现，A公司为提高职工福利待遇，结合当年天气寒冷的特殊性，为职工定做了防寒服600件，购进价值56.5万元（含税）的高档防寒面料，对应的增值税进项税额为6.5万元；同时购进辅料11.3万元（含税），对应增值税进项税额1.3万元；当年该企业同类产品对外销售价格为每件1 500元（含税）。假设不考虑城市维护建设税、教育费附加等附加税费。针对这项经济业务，A公司会计人员制作了上述凭证，并将购进材料的增值税进项税额作转出处理。

A公司的这种做法，不符合视同销售的相关政策规定。企业将自产产品用作职工福利，属于视同销售的范畴，企业应确认收入，计算相应的增值税和企业所得税。企业将自产产品用于职工福利，应按该产品同期的市场公允价值确认收入的实现，结转相应的成本和费用，并计算应纳增值税和企业所得税。

对甲公司来说，该项业务正确的会计处理方法应是（单位：万元）：

借：应付职工薪酬——职工福利费　　90
　贷：主营业务收入——视同销售　　79.65
　　　应交增值税——销项税额　　10.35

结转成本时，应作会计分录：

借：主营业务成本——视同销售　　60
　贷：原材料——面料　　50

辅助材料——服装辅料　　10

甲公司应补缴增值税2.55（10.35−7.8）万元，并计算缴纳相应的滞纳金。

该笔业务67.8万元的成本已于当年计入职工福利费，还有22.2万元尚未列支；相应的收入当年没有确认，同时成本也没有结转，而是错误地直接计入了职工福利费。由于2018年度企业所得税汇算清缴已经结束，甲公司应主动联系主管税务机关，进行更正申报，并补缴企业所得税14.36｛［79.65−（90−67.8）］×25%｝万元，同时按照规定缴纳相应的滞纳金。

2.6 发票开具金额大于申报金额

2.6.1 基本情况（见表2-6）

表2-6　发票开具金额大于申报金额的纳税风险分析

序号	税种	风险环节	风险要素	具体税收风险描述	风险易发行业
6	增值税	申报缴税、发票开具	计税依据	发票开具金额大于申报金额	所有行业

2.6.2 基本规定

《国家税务总局关于印发〈增值税纳税申报比对管理操作规程（试行）〉的通知》（税总发〔2017〕124号）第四条规定，申报比对范围及内容：

（一）比对信息范围

1.增值税纳税申报表及其附列资料（以下简称“申报表”）信息。

2.增值税一般纳税人和小规模纳税人开具的增值税发票信息。

3.增值税一般纳税人取得的进项抵扣凭证信息。

4.纳税人税款入库信息。

5.增值税优惠备案信息。

6.申报比对所需的其他信息。

（二）比对内容

比对内容包括表表比对、票表比对和表税比对。表表比对是指申报表表内、表间逻辑关系比对。票表比对是指各类发票、凭证、备案资格等信息与申报表进行比对。表税比对是指纳税人当期申报的应纳税款与当期的实际入库税款进行比对。

第五条规定，申报比对规则：

（一）申报表表内、表间逻辑关系比对，按照税务总局制定的申报表填写规则执行。

（二）增值税一般纳税人票表比对规则

1.销项比对。

当期开具发票（不包含不征税发票）的金额、税额合计数应小于或者等于当期申报的销售额、税额合计数。

纳税人当期申报免税销售额、即征即退销售额的，应当比对其增值税优惠备案信息，按规定不需要办理备案手续的除外。

2.进项比对。

（1）当期已认证或确认的进项增值税专用发票（以下简称“专用发票”）上注明的金额、税额合计数应大于或者等于申报表中本期申报抵扣的专用发票进项金额、税额合计数。

（2）经稽核比对相符的海关进口增值税专用缴款书上注明的税额合计数应大于或者等于申报表中本期申报抵扣的海关进口增值税专用缴款书的税额。

（3）取得的代扣代缴税收缴款凭证上注明的增值税税额合计数应大于或者等于申报表中本期申报抵扣的代扣代缴税收缴款凭证的税额。

（4）取得的《出口货物转内销证明》上注明的进项税额合计数应大于或者等于申报表中本期申报抵扣的外贸企业进项税额抵扣证明的税额。

（5）按照政策规定，依据相关凭证注明的金额计算抵扣进项税额的，计算得出的进项税额应大于或者等于申报表中本期申报抵扣的相应凭证税额。

（6）红字增值税专用发票信息表中注明的应作转出的进项税额应等于申报表中进项税额转出中的红字专用发票信息表注明的进项税额。

（7）申报表中进项税额转出金额不应小于零。

3.应纳税额减征额比对。当期申报的应纳税额减征额应小于或者等于当期符合政策规定的减征税额。

4.预缴税款比对。申报表中的预缴税额本期发生额应小于或者等于实际已预缴的税款。

5.特殊规则。

（1）实行汇总缴纳增值税的总机构和分支机构可以不进行票表比对。

（2）按季申报的纳税人应当对其季度数据进行汇总比对。

（三）增值税小规模纳税人票表比对规则

1.当期开具的增值税专用发票金额应小于或者等于申报表填报的增值税专用发票销售额。

2.当期开具的增值税普通发票金额应小于或者等于申报表填报的增值税普通发票销售额。

3.申报表中的预缴税额应小于或者等于实际已预缴的税款。

4.纳税人当期申报免税销售额的，应当比对其增值税优惠备案信息，按规定不需要办理备案手续的除外。

【例2-6】

厦门市某房地产开发有限公司是2007年5月注册成立的中外合资经营企业，注册资金1 900万元，从事厦门某大厦商品房项目的开发经营。该项目于2003年开发，2004年开始销售，至2016年基本销售完毕。税收管理员通过自行设置和模块选择的指标进行人机结合评估、分析，发现该公司2015年5月、6月发票开具金额大于申报营业额，可能存在少申报收入的情况。

针对上述案例审计、分析疑点，税收管理员于2017年1月22日对该公司发出“纳税评估异常提醒通知书”，要求企业针对疑点问题进行说明反馈。该公司于2017年1月26日对异常提醒问题进行书面反馈：2015年5月发票验旧开具金额实为1月、2月、4月、5月开具的，2015年6月开具的发票，7月才收到款，在8月申报纳税。同时，该公司提供了发票、款项到账和申报纳税明细。根据该公司的书面反馈及提供的补充说明资料，管理员核实确认情况如下：该公司2015年1月—2016年6月开具发票但未收到款项，以收到款项的当天为纳税义务发生时间，存在滞纳申报纳税的行为。最终该公司被判处缴纳税款及滞纳金。

2.7 “增值税及附加税费申报表（增值税一般纳税人适用）”进项税额转出为负，或一般纳税人进项抵扣税率异常

2.7.1 基本情况（见表2-7）

表 2-7　申报表进项税额转出为负或一般纳税人进项抵扣税率异常时的纳税风险分析

序号	税种	风险环节	风险要素	具体税收风险描述	风险易发行业
7	增值税	申报缴税	计税依据	“增值税及附加税费申报表（增值税一般纳税人适用）”进项税额转出为负，或一般纳税人进项抵扣税率异常	所有行业

2.7.2 基本规定

《国家税务总局关于印发〈增值税纳税申报比对管理操作规程（试行）〉的通知》（税总发〔2017〕124号）第五条规定，申报比对规则：

（1）当期已认证或确认的进项增值税专用发票（以下简称“专用发票”）上注明的金额、税额合计数应大于或者等于申报表中本期申报抵扣的专用发票进项金额、税额合计数。

（2）经稽核比对相符的海关进口增值税专用缴款书上注明的税额合计数应大于或者等于申报表中本期申报抵扣的海关进口增值税专用缴款书的税额。

（3）取得的代扣代缴税收缴款凭证上注明的增值税税额合计数应大于或者等于申报表中本期申报抵扣的代扣代缴税收缴款凭证的税额。

（4）取得的“出口货物转内销证明”上注明的进项税额合计数应大于或者等于申报表中本期申报抵扣的外贸企业进项税额抵扣证明的税额。

（5）按照政策规定，依据相关凭证注明的金额计算抵扣进项税额的，计算得出的进项税额应大于或者等于申报表中本期申报抵扣的相应凭证税额。

（6）红字增值税专用发票信息表中注明的应作转出的进项税额应等于申报表中进项税额转出中的红字专用发票信息表注明的进项税额。

（7）申报表中进项税额转出金额不应小于零。

【例2-7】

某食品厂为增值税一般纳税人，2021年2月从农民手中购进小麦用于加工糕点并于当月全部领用，收购发票上注明买价5万元，支付运费，取得增值税专用发票，注明金额为0.6万元。假定当月取得的相关票据均符合税法规定并在当月抵扣进项税。由于购进农产品可抵扣的进项税扣除率为9%，农产品购进后用于深加工适用基本税率目的货物的，在9%扣除率的基础上加计1%扣除，即实际扣除率为10%。该厂财务人员计算当月可抵扣增值税进项税额为5.6×（9%+1%）=0.56万元，该核算方式存在错误。购进的农产品以及购进农产品时发生的运费应该分开计算可抵扣的进项税额。因此，该厂当月可抵扣增值税进项税额=5×（9%+1%）+0.6×9%=0.55万元。

2.8 “增值税及附加税费申报表（增值税一般纳税人适用）”未开具发票销售额填报负数且无正当理由

2.8.1 基本情况（见表2-8）

表2-8 申报表未开具发票销售额填报负数且无正当理由时的纳税风险分析

序号	税种	风险环节	风险要素	具体税收风险描述	风险易发行业
8	增值税	申报缴税	计税依据	“增值税及附加税费申报表（增值税一般纳税人适用）”未开具发票销售额填报负数且无正当理由	所有行业

2.8.2 基本规定

《国家税务总局关于印发〈增值税纳税申报比对管理操作规程（试行）〉的通知》（税总发〔2017〕124号）第五条规定，增值税小规模纳税人票表比对规则：

1.当期开具的增值税专用发票金额应小于或者等于申报表填报的增值税专用发票销售额。

2.当期开具的增值税普通发票金额应小于或者等于申报表填报的增值税普

通发票销售额。

【例2-8】

企业将货物销售或提供了应税服务，增值税纳税义务已经发生，但买方企业要求卖方企业延迟开具发票。

卖方企业在增值税纳税义务发生后，因为当月未开具发票，次月进行增值税纳税申报时，将该业务按照“未开具发票”进行申报，正常缴纳增值税。

几个月后，买方企业要求卖方企业开具发票。卖方企业开具发票后，在次月进行增值税纳税申报时通常会在“未开具发票”填报以前期间已经申报过的销售额和税额。这样填写表格才不会导致企业重复纳税。

依据税总发〔2017〕124号文件规定，企业在“未开具发票”栏内填报负数，很可能会出现当期开具发票（不包含不征税发票）的金额、税额合计数大于当期申报的销售额、税额合计数的情况，导致比对发现异常。

一旦该情形出现，税务机关的异常处理岗会按规定将企业的税控系统锁定，并向其反馈比对不相符的内容，导致企业无法正常开票。企业只有提交详细说明并经异常处理岗认可，税控系统才可解锁。

尽管卖方企业可通过事后说明进行弥补，但该说明是否能够得到认可却存在很大的不确定性。如果卖方企业统一按开票时间确认纳税义务发生时间，则很可能存在人为延迟纳税的风险；如果按规定时间纳税，则又存在上述可能被锁定税控系统的风险。

“两害相权取其轻”，相对合理的办法就是对企业内部的销售策略进行调整，尤其是对销售实现后开具发票的期限做好统一规定，并争取最大限度得到客户的理解。对于个别不好解决的客户，也要本着“按时纳税”的原则，先把增值税进行申报，后续出现异常，再向税务机关进行合理解释（当然，如果提前能和税务机关沟通好，得到异常处理岗的理解和支持是最好不过的）。

2.9 “增值税及附加税费申报表（增值税一般纳税人适用）”分次预缴税款栏次填报数据大于实际预缴税额；应纳税额减征额栏次填报数据与实际不符

2.9.1 基本情况（见表2–9）

表2–9　　申报表填报数据差异的纳税风险分析

序号	税种	风险环节	风险要素	具体税收风险描述	风险易发行业
9	增值税	申报缴税	计税依据	“增值税及附加税费申报表（增值税一般纳税人适用）”分次预缴税款栏次填报数据大于实际预缴税额；应纳税额减征额栏次填报数据与实际不符	所有行业

2.9.2 基本规定

《国家税务总局关于印发〈增值税纳税申报比对管理操作规程（试行）〉的通知》（税总发〔2017〕124号）第五条规定，增值税一般纳税人票表比对规则：3.应纳税额减征额比对。当期申报的应纳税额减征额应小于或者等于当期符合政策规定的减征税额。4.预缴税款比对。申报表中的预缴税额本期发生分次预缴税款栏次填报数据大于实际预缴税额额应小于或者等于实际已预缴的税款。

【例2–9】

机构所在地在A市的甲企业是增值税一般纳税人，2021年1月在A市取得含税咨询收入25万元，发生可抵扣进项税0.8万元，将位于B市的一处办公用房（系2016年5月1日后取得）出租，收取含税月租金4万元。当月，该企业与乙公司（B地，发包方）新签订了一项总金额为6 660万元（含增值税）的建造合同（建筑服务发生地在B地），合同约定乙企业向甲公司支付价款1 332万元。同时，甲公司又与丙公司（C地，分包方）签订劳务分包合同，并支付价款1 110万元。则甲企业在A、B两市应缴纳（预缴）税款：

甲企业应在B市预缴出租办公用房的税款 $=4\div(1+9\%)\times3\%=0.11$（万元）

甲企业应在B市预缴建筑合同的税款 =（1 332−1 110）÷（1+9%）×2%= 4.07（万元）

甲企业在A市纳税=25÷（1+6%）×6%−0.8+4÷（1+9%）×9%−0.11+1 332÷（1+9%）×9%−4.07=1.42−0.8+0.33−0.11+109.98−4.07= 106.75（万元）

甲企业在B市分次预缴税款合计0.11+4.07=4.18万元，由于公司财务人员会计核算出现错误，分次预缴税款栏次填报数据大于实际预缴税额。

2.10　未发生经营业务但开具发票，或开具发票与实际经营业务不符

2.10.1　基本情况（见表2–10）

表 2–10　开具发票存在异常时的纳税风险分析

序号	税种	风险环节	风险要素	具体税收风险描述	风险易发行业
10	增值税	发票开具	开具异常	未发生经营业务但开具发票，或开具发票与实际经营业务不符	所有行业

2.10.2　基本规定

《中华人民共和国发票管理办法》第二十二条第二款规定，任何单位和个人不得有下列虚开发票行为：（一）为他人、为自己开具与实际经营业务情况不符的发票；（二）让他人为自己开具与实际经营业务情况不符的发票；（三）介绍他人开具与实际经营业务情况不符的发票。

第三十七条规定：违反该办法第二十二条的规定虚开发票的，由税务机关没收违法所得；虚开金额在1万元以下的，可以并处5万元以下的罚款；虚开金额超过1万元的，并处5万元以上50万元以下的罚款；构成犯罪的，依法追究刑事责任。

《国家税务总局关于纳税人虚开增值税专用发票征补税款问题的公告》（国家税务总局公告2012年第33号）规定：纳税人虚开增值税专用发票，未就其虚开金额申报并缴纳增值税的，应按照其虚开金额补缴增值税；已就其虚开金额

申报并缴纳增值税的，不再按照其虚开金额补缴增值税。税务机关对纳税人虚开增值税专用发票的行为，应按《中华人民共和国税收征收管理办法》及《中华人民共和国发票管理办法》的有关规定给予处罚。纳税人取得虚开的增值税专用发票，不得作为增值税合法有效的扣税凭证抵扣其进项税额。

《国家税务总局关于纳税人对外开具增值税专用发票有关问题的公告》（国家税务总局公告2014年第39号）规定：纳税人通过虚增增值税进项税额偷逃税款，但对外开具增值税专用发票同时符合以下情形的，不属于对外虚开增值税专用发票：一、纳税人向受票方纳税人销售了货物，或者提供了增值税应税劳务、应税服务；二、纳税人向受票方纳税人收取了所销售货物、所提供应税劳务或者应税服务的款项，或者取得了索取销售款项的凭据；三、纳税人按规定向受票方纳税人开具的增值税专用发票相关内容，与所销售货物、所提供应税劳务或者应税服务相符，且该增值税专用发票是纳税人合法取得、并以自己名义开具的。受票方纳税人取得的符合上述情形的增值税专用发票，可以作为增值税扣税凭证抵扣进项税额。

《最高人民法院印发关于适用〈全国人民代表大会常务委员会关于惩治虚开、伪造和非法出售增值税专用发票犯罪的决定〉的若干问题的解释》第一条规定：一、根据《决定》第一条规定，虚开增值税专用发票的，构成虚开增值税专用发票罪。具有下列行为之一的，属于“虚开增值税专用发票”：

（1）没有货物购销或者没有提供或接受应税劳务而为他人、为自己、让他人为自己、介绍他人开具增值税专用发票；

（2）有货物购销或者提供或接受了应税劳务但为他人、为自己、让他人为自己、介绍他人开具数量或者金额不实的增值税专用发票；

（3）进行了实际经营活动，但让他人为自己代开增值税专用发票。

虚开税款数额1万元以上的或者虚开增值税专用发票致使国家税款被骗取5 000元以上的，应当依法定罪处罚。

虚开税款数额10万元以上的，属于“虚开的税款数额较大”；具有下列情形之一的，属于“有其他严重情节”：

（1）因虚开增值税专用发票致使国家税款被骗取5万元以上的；

（2）具有其他严重情节的。

虚开税款数额50万元以上的，属于“虚开的税款数额巨大”；具有下列情形之一的，属于“有其他特别严重情节”：

（1）因虚开增值税专用发票致使国家税款被骗取30万元以上的；

（2）虚开的税款数额接近巨大并有其他严重情节的；

（3）具有其他特别严重情节的。

利用虚开的增值税专用发票实际抵扣税款或者骗取出口退税100万元以上的，属于“骗取国家税款数额特别巨大”；造成国家税款损失50万元以上并且在侦查终结前仍无法追回的，属于“给国家利益造成特别重大损失”。利用虚开的增值税专用发票骗取国家税款数额特别巨大、给国家利益造成特别重大损失，为“情节特别严重”的基本内容。

虚开增值税专用发票犯罪分子与骗取税款犯罪分子均应当对虚开的税款数额和实际骗取的国家税款数额承担刑事责任。

利用虚开的增值税专用发票抵扣税款或者骗取出口退税的，应当依照《决定》第一条的规定定罪处罚；以其他手段骗取国家税款的，仍应依照《全国人民代表大会常务委员会关于惩治偷税、抗税犯罪的补充规定》的有关规定定罪处罚。

《国家税务总局关于纳税人取得虚开的增值税专用发票处理问题的通知》（国税发〔1997〕134号）第一条规定：受票方利用他人虚开的专用发票，向税务机关申报抵扣税款进行偷税的，应当依照《中华人民共和国税收征收管理法》及有关法规追缴税款，处以偷税数额五倍以下的罚款；进项税金大于销项税金的，还应当调减其留抵的进项税额。利用虚开的专用发票进行骗取出口退税的，应当依法追缴税款，处以骗税数额五倍以下的罚款。

《国家税务总局关于纳税人取得虚开的增值税专用发票处理问题的通知》（国税发〔1997〕134号）第二条规定：在货物交易中，购货方从销售方取得第三方开具的专用发票，或者从销货地以外的地区取得专用发票，向税务机关申报抵扣税款或者申请出口退税的，应当按偷税、骗取出口退税处理，依照《中华人民共和国税收征收管理法》及有关法规追缴税款，处以偷税、骗税数额五倍以下的罚款。

《国家税务总局关于纳税人取得虚开的增值税专用发票处理问题的通知》（国税发〔1997〕134号）第三条规定：纳税人以上述第一条、第二条所列的方式取得专用发票未申报抵扣税款，或者未申请出口退税的，应当依照《中华人民共和国发票管理办法》及有关法规，按所取得专用发票的份数，分别处以一万元以下的罚款；但知道或者应当知道取得的是虚开的专用发票，或者让他人为自己提供虚开的专用发票的，应当从重处罚。

《国家税务总局关于纳税人取得虚开的增值税专用发票处理问题的通知》（国税发〔1997〕134号）第四条规定：利用虚开的专用发票进行偷税、骗税，构成犯罪的，税务机关依法进行追缴税款等行政处理，并移送司法机关追究刑事责任。

《国家税务总局关于〈国家税务总局关于纳税人取得虚开的增值税专用发票处理问题的通知〉的补充通知》（国税发〔2000〕182号）规定：有下列情形之一的，无论购货方（受票方）与销售方是否进行了实际的交易，增值税专用发票所注明的数量、金额与实际交易是否相符，购货方向税务机关申请抵扣进项税款或者出口退税的，对其均应按偷税或者骗取出口退税处理。一、购货方取得的增值税专用发票所注明的销售方名称、印章与其进行实际交易的销售方不符的，即134号文件第二条法规的“购货方从销售方取得第三方开具的专用发票”的情况。二、购货方取得的增值税专用发票为销售方所在省（自治区、直辖市和计划单列市）以外地区的，即134号文件第二条法规的“从销货地以外的地区取得专用发票”的情况。三、其他有证据表明购货方明知取得的增殖税专用发票系销售方以非法手段获得的，即国税发〔1997〕134号文件第一条法规的“受票方利用他人虚开的专用发票，向税务机关申报抵扣税款进行偷税”的情况。

《国家税务总局关于纳税人善意取得虚开的增值税专用发票处理问题的通知》（国税发〔2000〕187号）规定：购货方与销售方存在真实的交易，销售方使用的是其所在省（自治区、直辖市和计划单列市）的专用发票，专用发票注明的销售方名称、印章、货物数量、金额及税额等全部内容与实际相符，且没有证据表明购货方知道销售方提供的专用发票是以非法手段获得的，对购货方不以偷税或者骗取出口退税论处。但应按有关法规不予抵扣进项税款或者不予出口、退税；购货方已经抵扣的进项税款或者取得的出口退税，应依法追缴。

购货方能够重新从销售方取得防伪税控系统开出的合法、有效专用发票的，或者取得手工开出的合法、有效专用发票且取得了销售方所在地税务机关或者正在依法对销售方虚开专用发票行为进行查处证明的，购货方所在地税务机关应依法准予抵扣进项税款或者出口退税。

如有证据表明购货方在进项税款得到抵扣，或者获得出口退税前知道该专用发票是销售方以非法手段获得的，对购货方应按《国家税务总局关于纳税人取得虚开的增值税专用发票处理问题的通知》(国税发〔1997〕134号)和《国家税务总局关于〈国家税务总局关于纳税人取得虚开的增值税专用发票处理问题的通知〉的补充通知》(国税发〔2000〕182号)的法规处理。

【例2–10】发生真实业务，但卖货物A开具货物B的发票。

甲公司向乙公司购买了总金额250万元的“冲床”，但乙公司以无法开出“冲床”的增值税专用发票为由，向甲公司开具了250万元的“铜带”增值税专票，甲公司将发票进行了申报抵扣。之后在常规财务审计中被发现发票实物与账面库存不符，甲公司又将250万元“铜带”专票开回给了乙公司。

甲公司认为自己并没有故意虚开，虽然不当抵扣发票，但没有造成税款损失。

乙公司开具了“铜带”发票但向税务机关缴纳了税款，自己与乙公司存在真实交易，后将发票开回乙公司也相当于补缴了税款，客观上国家税款并没有遭受损失。并辩称最高人民法院2018年明确过“不具有骗取国家税款的目的，未造成国家税款损失，其行为不构成虚开增值税专用发票罪”，因此自己并没有构成虚开。

但是根据《发票管理办法》第二十二条规定，任何单位和个人不得有下列虚开发票行为:(一)为他人、为自己开具与实际经营业务情况不符的发票。

无论是之前的“冲床”变“铜带”，还是后来甲公司在无真实业务的情况下，又向乙公司开回250万元“铜带”增值税专用发票，其实都是在与实际经营业务情况不符的情形下开具了增值税专用发票，其行为构成上述规定的虚开发票。甲公司自认为发生了真实业务，也没有造成税款损失，因此不算虚开。但是其所有的行为根据税法规定均构成了违法。

【例2–11】发生真实业务，但卖2吨货物开3吨的发票。

李某是A矿业有限公司法人代表，卖给B公司21 873吨铁矿石。李某指使会计给B公司开具了38 324吨铁矿石的增值税专用发票。李某称自己并没有虚开，因为双方实际存在铁矿石的交易。

根据国税发〔1996〕210号文件第一条规定：有货物购销或者提供或接受了应税劳务但为他人、为自己、让他人为自己、介绍他人开具数量或者金额不实的增值税专用发票，属于“虚开增值税专用发票”。因此上述行为构成虚开增值税专用发票。

故法院判定，李某的A公司虚开增值税专用发票16 451吨，涉及金额125万余元，进项税额多达16万元，造成A公司少缴增值税16万元，少缴企业所得税40万元。其相关涉事人员依据法律受到了相应的刑事处罚。

【例2-12】发生真实业务，但向甲购买却让乙开票。

A公司向供应商甲采购了一批材料，但是供应商甲以“不能开具增值税专票”为由提议通过第三方乙公司为其代开的方式开具同等金额的增值税专用发票，A公司同意该处理方法，并用发票抵扣进项税额107万余元。A公司认为自己有真实的交易记录并不构成犯罪。

《最高人民法院关于适用〈全国人民代表大会常务委员会关于惩治虚开、伪造和非法出售增值税专用发票犯罪的决定〉的若干问题的解释》的通知规定：“虚开增值税专用发票”的行为包括“进行了实际经营活动，但让他人为自己代开增值税专用发票”。

A公司在明知供应商甲“无法开具增值税专票”的情况下，与供货商甲商定让第三方乙公司为自己代开增值税专用发票，在该案例中，A公司与供应商甲、乙公司的行为是共同犯罪，构成虚开增值税专用发票罪。

2.11 当期填报的海关进口增值税专用缴款书、农产品抵扣进项税额与实际经营情况不符

2.11.1 基本情况（见表2-11）

表 2-11　　填报信息与实际经营情况不符时的纳税风险分析

序号	税种	风险环节	风险要素	具体税收风险描述	风险易发行业
11	增值税	申报缴税	计税依据	当期填报的海关进口增值税专用缴款书、农产品抵扣进项税额与实际经营情况不符	所有行业

2.11.2 基本规定

《国家税务总局关于取消增值税扣税凭证认证确认期限等增值税征管问题的公告》(国家税务总局公告2019年第45号)规定:

纳税人购进农产品取得增值税专用发票的,以增值税专用发票上注明的增值税额为进项税额。自2020年3月1日起,增值税一般纳税人取得2017年1月1日及以后开具的增值税专用发票、海关进口增值税专用缴款书、机动车销售统一发票、收费公路通行费增值税电子普通发票,取消认证确认、稽核比对、申报抵扣的期限。纳税人如需用于申报抵扣增值税进项税额或申请出口退税、代办退税,应当登录增值税发票综合服务平台确认发票用途。纳税人取得海关进口增值税专用缴款书,以海关进口增值税专用缴款书上注明的增值税额为进项税额。应自开具之日起360日内向主管税务机关报送“海关完税凭证抵扣清单”。申请稽核比对。纳税人购进农产品,取得(开具)农产品销售发票或收购发票的,以农产品销售发票或收购发票上注明的农产品买价和9%的扣除率计算进项税额。

【例2-13】

2005年8月,被告单位亿鑫公司成立,被告人谢××任法定代表人,被告人吴×任财务负责人。滁州市人民检察院指控称:2005年下半年至2011年第一季度,谢××虚构兔毛、羊毛、羊绒、棉花、蚕茧等农产品收购业务,并提供农户身份证复印件及编造的收购数量、金额、收购清单等提供给他人或指使吴×供给他人,重复使用安徽省霍邱县、贵州省长顺县等地农户身份证复印件,虚假开具农产品收购专用发票1 592份,开票金额67 752 354元,抵扣进项税额8 807 806.02元。此案经安徽省滁州市中级人民法院一审,于2013年5月31日作出(2012)滁刑初字第0003号刑事判决,认为被告构成虚开用于抵扣税款发票罪。宣判后,亿鑫公司、谢××、吴×均不服,分别提出上诉。二审经安徽省高级人民法院书面审理,于2013年10月作出(2013)皖刑终字第00320号判决书,裁定驳回上诉,维持原判。

一审法院认为:被告单位亿鑫公司及被告人谢××、吴×违反农产品收购专用发票管理规定,虚构农产品收购业务,虚开农产品收购专用发票1 592份,开票金额67 752 354元,抵扣进项税额

8 807 806.02元，数额特别巨大，情节特别严重，其行为均构成虚开用于抵扣税款发票罪。在共同犯罪中，亿鑫公司是主犯，应按照其所参与全部犯罪处罚；被告人谢××作为公司直接负责的主管人员，是主犯，应当按照其组织、指挥的全部犯罪处罚；被告人吴×是公司的其他责任人员，在共同犯罪中起次要作用，系从犯，可予以减轻处罚。判决：一、被告单位亿鑫公司犯虚开用于抵扣税款发票罪，判处罚金二百万元；二、被告人谢××犯虚开用于抵扣税款发票罪，判处有期徒刑十五年；三、被告人吴×犯虚开用于抵扣税款发票罪，判处有期徒刑三年。

二审法院认为：上诉人亿鑫公司及谢××、吴×违反农产品收购专用发票管理规定，虚构农产品收购业务，虚开农产品收购专用发票1 592份，开票金额67 752 354元，抵扣进项税额8 807 806.02元，数额特别巨大，情节特别严重，其行为均构成虚开用于抵扣税款发票罪。在共同犯罪中，亿鑫公司是主犯，应按照其所参与的全部犯罪处理；谢××作为公司直接负责的主管人员，是主犯，应当按照其组织、指挥的全部犯罪处罚；吴×是公司的其他责任人员，在共同犯罪中起次要作用，系从犯，可予以减轻处罚。原审判决定罪准确，量刑适当。审判程序合法，裁定驳回上诉，维持原判。

2.12 纳税人代扣代缴企业所得税和增值税的计税收入额不匹配

2.12.1 基本情况（见表2-12）

表2-12 纳税人代扣代缴企业所得税和增值税的计税收入额不匹配的纳税风险分析

序号	税种	风险环节	风险要素	具体税收风险描述	风险易发行业
12	增值税	申报缴税	计税依据	纳税人代扣代缴企业所得税和增值税的计税收入额不匹配	存在对外支付业务的企业

2.12.2 基本规定

《中华人民共和国企业所得税法实施条例》（国务院令第512号）第九条规定：企业应纳税所得额的计算，以权责发生制为原则，属于当期的收入和费用，不论款项是否收付，均作为当期的收入和费用；不属于当期的收入和费用，即使款项已经在当期收付，均不作为当期的收入和费用。本条例和国务院财政、税务主管部门另有规定的除外。

《国家税务总局关于确认企业所得税收入若干问题的通知》（国税函〔2008〕875号）规定：一、除企业所得税法及实施条例另有规定外，企业销售收入的确认，必须遵循权责发生制原则和实质重于形式原则。二、企业在各个纳税期末，提供劳务交易的结果能够可靠估计的，应采用完工进度（完工百分比）法确认提供劳务收入。（四）下列提供劳务满足收入确认条件的，应按规定确认收入：……4.服务费。包含在商品售价内可区分的服务费，在提供服务的期间分期确认收入。

《财政部 国家税务总局关于全面推开营业税改征增值税试点的通知》（财税〔2016〕36号）附件1《营业税改征增值税试点实施办法》第四十五条规定：增值税纳税义务、扣缴义务发生时间为：（一）纳税人发生应税行为并收讫销售款项或者取得索取销售款项凭据的当天；先开具发票的，为开具发票的当天。收讫销售款项，是指纳税人销售服务、无形资产、不动产过程中或者完成后收到款项。取得索取销售款项凭据的当天，是指书面合同确定的付款日期；未签订书面合同或者书面合同未确定付款日期的，为服务、无形资产转让完成的当天或者不动产权属变更的当天。

【例2–14】

W公司主要从事机械设备的制造与销售，当地税务机关对该企业2018—2020年度纳税情况实施了税务检查。

经比对申报数据，检查人员发现该企业申报的增值税销售额与企业所得税应税收入存在明显差异。检查人员调取了企业账簿、凭证，发现其设置了“待发出产品”科目，该科目期末余额在贷方，反映已开票但尚未发货的金额。2020年，该科目余额为1.98亿元，占当年销售收入的76.4%，金额和占比均较大。检查人员又调取了2012—2020年度增值税与企业所得税申报表，以及历年风险应对、税务稽查案卷，发现该企业在2012—2020年9个年度内，共有8个年度增值税销售额大于企业所得税应税收入。

W公司为什么会产生上述巨额差异呢？W公司对产生差异的原因给出了如下解释：

所属的客户为大型国有企业，在产业链中处于强势地位。客户出于自身项目工期、财务管理和资金结算的需要，存在要求供货商先开具发票、后发货的情况。根据《国家税务总局关于确认企业所得税收入若干问题的通知》（国税函〔2008〕875号）规定，W公司于发货时确认收入，因此造成两者存在差异。

W公司的解释真的可信吗？检查人员又将“待发出产品”科目与“应收账款”科目比对，发现2020年度W公司“应收账款”科目期末余额为9 300万元，远远小于“待发出产品”科目，说明客户先付了款却未收货。“产成品”科目2020年度期末余额为1.08亿元，各种类型产品结存167 290个。检查人员初步判定，该企业存在未及时结转销售收入的情况。

为进一步证实该企业通过长期不结转收入偷逃税款，检查人员一方面调取该公司的购销合同台账、“待发出产品”科目涉税明细，经查证，该企业应下游客户要求先开具发票后发出货物，但最迟两年内都可以顺利交货。

另一方面，检查人员选择到检查年度内交易量较大的下游某大型国企调查取证，在下游企业获取的入库单、询问笔录等证据也进一步证实了对方已经收货。

证据显示，在收入能够可靠计量、成本能够可靠核算且货物已发出的情况下，W公司2018—2020年三年内未结转收入近1.5亿元。

最终，当地税务机关共追缴该企业税款1 476.60万元，加收滞纳金672.78万元，并处罚款598.99万元。

2.13 出口退（免）税备案内容发生变化，但未办理出口退（免）税备案变更

2.13.1 基本情况（见表2-13）

表2-13 备案内容发生变化却未办理备案变更时的纳税风险分析

序号	税种	风险环节	风险要素	具体税收风险描述	风险易发行业
13	出口退（免）税	备案登记	备案变更	出口退（免）税备案内容发生变化，但未办理出口退（免）税备案变更	出口企业

2.13.2　基本规定

《国家税务总局关于发布〈出口货物劳务增值税和消费税管理办法〉的公告》(国家税务总局2012年第24号)规定：出口企业和其他单位出口退(免)税资格认定的内容发生变更的，须自变更之日起30日内，填报“出口退(免)税资格认定变更申请表”[即“出口退(免)税备案变更申请表”]，提供相关资料向主管税务机关申请变更出口退(免)税资格认定。

《国家税务总局关于〈出口货物劳务增值税和消费税管理办法〉有关问题的通知》(国家税务总局2013年第12号)规定：出口企业或其他单位申请变更退(免)税办法的，经主管税务机关批准变更的次月起按照变更后的退(免)税办法申报退(免)税。企业应将批准变更前全部出口货物按变更前退(免)税办法申报退(免)税，变更后不得申报变更前出口货物退(免)税。

【例2-15】

厦门B企业原本是一家外贸企业，后来因为经营模式转变，要变更为生产企业，于是来退税机关进行出口退(免)税备案变更申请，此时B企业还有符合外贸企业未申报出口退(免)税的货物劳务。

问：此时B企业是否可以通过出口退(免)税备案变更申请将经营方式由外贸转为生产？

答：可以；企业经营方式由外贸变更为生产时需先将变更前出口货物按变更前退(免)税办法申报退(免)税，或者将未申报退税出口业务按规定申报免税或征税，再到退税机关进行出口退(免)税备案变更申请。

【例2-16】

A公司原本是一家生产型出口企业，主要生产汽车滤清器，后A公司变更为商贸型出口企业。在变更经营方式后，A公司又将原生产型企业期间生产的价值约10万美元的滤清器出口境外。此后，公司财务人员在不知情的情况下，前往税务局申请办理变更企业类型及企业退(免)税办法。办理备案变更时，经税务人员提醒，A公司财务人员才了解到，公司仍有未申报出口退(免)税的出口货物。税务人员同时提醒，企业申请变更退(免)税办法的，变更前，全部出口货物要按照原退(免)税办法申报退(免)税，变更后，将不得再申报变更前出口货物退（免）税。

风险分析：

企业类型不同，适用的出口退（免）税计算方法不同。生产型出口企业适用免抵退计算办法，而商贸型出口企业适用免退税计算办法。根据《国家税务总局关于〈出口货物劳务增值税和消费税管理办法〉有关问题的公告》（国家税务总局公告2013年第12号），企业应将批准变更前全部出口货物，按变更前退（免）税办法，申报退（免）税，变更后不得申报变更前出口货物退（免）税。

A公司在变更经营方式后，未及时进行退（免）税备案变更，又进行了货物出口。根据规定，企业若在办理出口退（免）税办法变更前，未及时对变更前出口的10万美元滤清器申报出口退（免）税，变更后，将不得申报变更前出口货物退（免）税，由此，企业将面临该10万美元出口货物对应出口退税额的损失。

建议：

企业要根据自己的实际经营情况，及时、准确地办理出口退（免）税备案。

若企业的经营模式发生改变，应在经营模式变更后30日内，到主管税务机关办理出口退（免）税备案变更。在办理备案变更前，首先要确保变更前的出口货物，已完成出口退（免）税申报。在具体办理时，也要根据公司的实际经营情况，关注发生变化的项目，特别是企业类型、退（免）税办法等。要注意避免因备案变更而导致出口货物不能适用相应退（免）税办法的情况，减少不必要的损失。

2.14 出口企业申报出口退（免）税业务后15日内，未按规定进行单证备案

2.14.1 基本情况（见表2-14）

表2-14 未按规定进行单证备案时的纳税风险分析

序号	税种	风险环节	风险要素	具体税收风险描述	风险易发行业
14	出口退（免）税	申报退税	单证备案	出口企业申报出口退（免）税业务后15日内，未按规定进行单证备案	出口企业

2.14.2　基本规定

《国家税务总局关于发布〈出口货物劳务增值税和消费税管理办法〉的公告》(国家税务总局公告2012年第24号公告)第八条第(四)项规定：

有关备案单证，出口企业应在申报出口退(免)税后15日内，将所申报退(免)税货物的下列单证，按申报退(免)税的出口货物顺序，填写“出口货物备案单证目录”，注明备案单证存放地点，以备主管税务机关核查。

1.外贸企业购货合同、生产企业收购非自产货物出口的购货合同，包括一笔购销合同下签订的补充合同等；

2.出口货物装货单；

3.出口货物运输单据(包括：海运提单、航空运单、铁路运单、货物承运单据、邮政收据等承运人出具的货物单据，以及出口企业承付运费的国内运输单证)。

若有无法取得上述原始单证情况的，出口企业可用具有相似内容或作用的其他单证进行单证备案。除另有规定外，备案单证由出口企业存放和保管，不得擅自损毁，保存期为5年。

视同出口货物及对外提供修理修配劳务不实行备案单证管理。

未按规定装订、存放和保管备案单证的，主管税务机关应按照《中华人民共和国税收征收管理法》第六十条规定予以处罚。

出口企业提供虚假备案单证的，主管税务机关应按照《中华人民共和国税收征收管理法》第七十条的规定处罚。

《财政部 国家税务总局关于出口货物劳务增值税和消费税政策的通知》(财税〔2012〕39号)规定：出口企业或其他单位提供虚假备案单证的货物，不适用增值税退(免)税和免税政策，按视同内销货物征税的规定征收增值税。

《国家税务总局关于〈出口货物劳务增值税和消费税管理办法〉有关问题的公告》(国家税务总局公告2013年第12号)规定：出口企业或其他单位未按规定进行单证备案(因出口货物的成交方式特性，企业没有有关备案单证的情况除外)的出口货物，不得申报退(免)税，适用免税政策。已申报退(免)税的，应用负数申报冲减原申报。出口企业或其他单位出口的货物劳务，主管税务机关如果发现出口货物的提单或运单等备案单证为伪造、虚假的，按财税〔2012〕39号文件第七条第(一)项第4目和第5目规定，适用增值税征税政策。查实属于偷骗税的，应按相应的规定处理。

《国家税务总局关于出口货物劳务增值税和消费税有关问题的公告》（国家税务总局公告2013年第65号）规定：出口企业按规定向国家商检、海关、外汇管理等对出口货物相关事项实施监管核查部门报送的资料中，属于申报出口退（免）税规定的凭证资料及备案单证的，如果上述部门或主管税务机关发现为虚假或其内容不实的，其对应的出口货物不适用增值税退（免）税和免税政策，适用增值税征税政策。查实属于偷骗税的按照相应的规定处理。

【例2-17】

深圳市TB贸易有限公司未按规定保管出口退税备案单证。根据国家税务总局深圳市税务局第二税务分局提供的退税证明，该公司在2019年4月至2020年12月期间，累计取得出口退税款11 508 501.43元。根据《国家税务总局关于发布〈出口货物劳务增值税和消费税管理办法〉的公告》第八项第（四）条第三款、第八条第（四）项之规定，出口企业应按该规定进行单证备案。检查人员向公司送达“税务检查通知书”及“税务事项通知书”之后，公司未能按要求配合检查并提供相应的出口退税备案单证等资料，违反了《国家税务总局关于〈出口货物劳务增值税和消费税管理办法〉有关问题的公告》（国家税务总局公告2013年第12号）第五条第（八）项的规定。

国家税务总局深圳市税务局第一稽查局根据《财政部 国家税务总局关于出口货物劳务增值税和消费税政策的通知》（财税〔2012〕39号）第九条第（二）项第5目的规定，建议追缴该公司2019年4月至2020年12月期间，累计取得出口退税款11 508 501.43元。

【例2-18】

广州市CL皮具有限公司2016年6月报关出口背包、钱包、挎包一批，出口报关单号为5316201601661173××，出口金额49 895.00美元，折合人民币328 753.16元。2016年8月凭出口业务向税务机关申报出口退税，涉及免抵退税额49 312.98元。税务机关对业务备案单证情况进行检查，发现其中出口运输单据（海运提单）经与真实承运人出具的海运提单对比明显不符，为虚假单证；税务机关依法发出“税务事项通知书”，要求广州市CL皮具有限公司提供真实有效的出口运输单据，公司未提供。

国家税务总局广州市税务局第二稽查局根据《中华人民共和国税收征收管理法》第六十六条、《国家税务总局关于发布〈出口货物劳务增值税和消费税管理办法〉的公告》（国家税务总局公告2012年第24号）第十三条第（六）项“出口企业和其他单位以假报出口或者其他欺骗手段，骗取国家出口退税款，由主管税务机关追缴其骗取的退税款，并处骗取税款一倍以上五倍以下的罚款”的规定，企业上述违法事实利用他人货物假报出口骗取国家出口退税款的行为属于骗税，对企业骗取国家出口退税款的行为处以骗取税款一倍罚款49 312.98元。

2016年期间，广州市CL皮具有限公司凭借119笔报关出口业务向税务机关申请出口退税，涉及免抵退税额7 228 386.10元。经对上述119笔出口业务的备案单证情况进行检查，其中90笔出口运输单据（海运提单）经船公司及船代公司鉴定为虚假单证；8笔出口运输单据（海运提单）经与船公司及船代公司出具的真实海运提单对比明显不符，为虚假单证；4笔出口运输单据（载货清单）载明的发货人非该单位，为虚假单证；17笔出口运输单据（载货清单）经与广东省公安厅交通管理局查证的信息对比，存在车牌号、司机名称不一致等情况，为虚假单证。

国家税务总局广州市税务局第二稽查局根据《中华人民共和国税收征收管理法》第七十条、《国家税务总局关于发布〈出口货物劳务增值税和消费税管理办法〉的公告》（国家税务总局公告2012年第24号）第十三条第（三）项“出口企业提供虚假备案单证的，主管税务机关应按照《中华人民共和国税收征收管理法》第七十条的规定处罚”的规定，企业上述违法事实属于提供虚假备案单证，对该单位提供虚假备案单证的行为处以罚款10 000.00元。

2016年期间，广州市CL皮具有限公司凭借3笔报关出口业务向税务机关申请出口退税，涉及免抵退税额124 473.86元。经对上述3笔出口业务的备案单证情况进行检查，其中1笔出口业务缺少出口运输单据（海运提单），2笔出口运输单据（载货清单）填写信息不全。

国家税务总局广州市税务局第二稽查局根据《中华人民共和国税收征收管理法》第六十条、《国家税务总局关于发布〈出口货物劳务增值税和消费税管理办法〉的公告》(国家税务总局公告2012年第24号)第十三条第(一)项“出口企业和其他单位有下列行为之一的，主管税务机关应按照《中华人民共和国税收征收管理法》第六十条规定予以处罚：2.未按规定装订、存放和保管备案单证的”的规定，该单位上述违法事实属于备案单证不齐、未按规定进行单证备案，决定对该单位备案单证不齐、未按规定进行单证备案的行为处以罚款2 000.00元。

以上应缴款项共计61 312.98元。

2.15 出口企业申报出口退(免)税后，在次年申报期截止之日前仍未收汇

2.15.1 基本情况(见表2-15)

表2-15　申报退(免)税后次年截止之日前仍未收汇时的纳税风险分析

序号	税种	风险环节	风险要素	具体税收风险描述	风险易发行业
15	出口退(免)税	申报退税	出口收汇	出口企业申报出口退(免)税后，在次年申报期截止之日前仍未收汇	出口企业

2.15.2 基本规定

国家税务总局公告2012年第24号规定：企业应在货物报关出口之日次月起至次年4月30日前的各增值税纳税申报期内收齐有关凭证，向主管税务机关申报办理出口货物退(免)税。

国家税务总局公告2013年第30号规定：出口企业申报退(免)税的出口货物，须在退(免)税申报期截止之日内收汇(跨境贸易人民币结算的为收取人民币)，并提供相应的收汇资料；未在退(免)税申报期截止之日内收汇的出口货物，除符合规定的不能收汇的出口货物外，适用增值税免税政策。

财政部、税务总局公告2020年第2号规定：纳税人出口货物劳务、发生跨境应税行为，未在规定期限内申报退(免)税，收汇或者办理不能收汇手续的，在收汇或者办理不能收汇手续后，即可申报办理退(免)税。

《国家税务总局关于进一步便利出口退税办理促进外贸平稳发展有关事项的公告》（国家税务总局公告2022年第9号）规定：（一）纳税人申报退（免）税的出口货物，应当在出口退（免）税申报期截止之日前收汇。未在规定期限内收汇，但符合“视同收汇原因及举证材料清单”所列原因的，即：

1.因国外商品市场行情变动的，提供有关商会出具的证明或有关交易所行情报价资料；由于客观原因无法提供的，提供进口商相关证明材料。

2.因出口商品质量原因的，提供进口商的有关函件和进口国商检机构的证明；由于客观原因无法提供进口国商检机构证明的，提供进口商的检验报告等证明材料，或者货物、原材料生产商等第三方证明材料。

3.因动物及鲜活产品变质、腐烂、非正常死亡或损耗的，提供进口商的有关函件和进口国商检机构的证明；由于客观原因确实无法提供商检证明的，提供进口商相关证明材料、货物运输等第三方证明材料。

4.因自然灾害、战争等不可抗力因素的，提供报刊等新闻媒体的报道材料或中国驻进口国使领馆商务处出具的证明。

5.因进口商破产、关闭、解散的，提供以下任一资料：报刊等新闻媒体的报道材料、中国驻进口国使领馆商务处出具的证明、进口商所在地破产清算机构出具的证明、债权申报证明。

6.因进口国货币汇率变动的，提供报刊等新闻媒体刊登或人民银行公布的汇率资料。

7.因溢短装的，提供提单或其他正式货运单证等商业单证。

8.因出口合同约定全部收汇最终日期在申报退（免）税截止期限以后的，提供出口合同。

9.因无法收汇而取得出口信用保险赔款的，提供相关出口信用保险合同、保险理赔单据、赔款入账流水等资料。

10.因其他原因的，提供合理的佐证材料。

纳税人留存“出口货物收汇情况表”及举证材料，即可视同收汇；因出口合同约定全部收汇最终日期在退（免）税申报期截止之日后的，应当在合同约定收汇日期前完成收汇。

（二）出口退（免）税管理类别为四类的纳税人，在申报出口退（免）税时，应当向税务机关报送收汇材料。纳税人在退（免）税申报期截止之日后申报出口货物退（免）税的，应当在申报退（免）税时报送收汇材料。纳税人被税务机关发现收汇材料为虚假或冒用的，应自税务机关出具书面通知之日起24个月内，在申报出口退（免）税时报送收汇材料。

除上述情形外，纳税人申报出口退（免）税时，无须报送收汇材料，留存举证材料备查即可。税务机关按规定需要查验收汇情况的，纳税人应当按照税务机关要求报送收汇材料。

（三）纳税人申报退（免）税的出口货物，具有下列情形之一，税务机关未办理出口退（免）税的，不得办理出口退（免）税；已办理出口退（免）税的，应在发生相关情形的次月用负数申报冲减原退（免）税申报数据，当期退（免）税额不足冲减的，应补缴差额部分的税款：

1.因出口合同约定全部收汇最终日期在退（免）税申报期截止之日后的，未在合同约定收汇日期前完成收汇；

2.未在规定期限内收汇，且不符合视同收汇规定；

3.未按本条规定留存收汇材料。

纳税人在本公告施行前已发生上述情形但尚未处理的出口货物，应当按照本项规定进行处理；纳税人已按规定处理的出口货物，待收齐收汇材料、退（免）税凭证及相关电子信息后，即可申报办理出口退（免）税。

（四）纳税人确实无法收汇且不符合视同收汇规定的出口货物，适用增值税免税政策。

（五）税务机关发现纳税人申报退（免）税的出口货物收汇材料为虚假或者冒用的，应当按照《中华人民共和国税收征收管理法》有关规定进行处理，相应的出口货物适用增值税征税政策。

本条所述收汇材料是指“出口货物收汇情况表”及举证材料。对于已收汇的出口货物，举证材料为银行收汇凭证或者结汇水单等凭证；出口货物为跨境贸易人民币结算、委托出口并由受托方代为收汇，或者委托代办退税并由外贸综合服务企业代为收汇的，可提供收取人民币的收款凭证；对于视同收汇的出口货物，举证材料按照“视同收汇原因及举证材料清单”确定。

所述出口货物，不包括：

1.出口企业对外援助、对外承包、境外投资的出口货物。

2.免税品经营企业销售的货物（国家规定不允许经营和限制出口的货物、卷烟和超出免税品经营企业“企业法人营业执照”规定经营范围的货物除外）。

3.出口企业或其他单位销售给用于国际金融组织或外国政府贷款国际招标

建设项目的中标机电产品。

4.生产企业向海上石油天然气开采企业销售的自产的海洋工程结构物。

5.出口企业或其他单位销售给国际运输企业用于国际运输工具上的货物。上述规定暂仅适用于外轮供应公司、远洋运输供应公司销售给外轮、远洋国轮的货物，国内航空供应公司生产销售给国内和国外航空公司国际航班的航空食品。

6.出口企业或其他单位销售给特殊区域内生产企业生产耗用且不向海关报关而输入特殊区域的水（包括蒸汽）、电力、燃气。

7.易货贸易出口货物。

8.边境小额贸易出口货物。

【例2–19】

某中药饮片厂于2019年4月16日向主管税务机关国家税务总局茂名市电白区税务局水东税务分局提出2018年度出口货物不能收汇申请，涉及的出口业务三笔，出口报关单号分别为6705201800×××××159、6705201800×××××359、6705201800×××××735，未能按期收汇金额为港币6 122 846元，出口合同约定最终收汇日期为2019年12月31日。国家税务总局茂名市电白区税务局已向企业送达三次税务事项通知书，告知企业提供这三笔出口业务的收汇凭证。截至2021年7月20日，企业未向税务机关提供这三笔出口业务的收汇凭证。

根据《国家税务总局关于出口企业申报出口货物退（免）税提供收汇资料有关问题的公告》（国家税务总局公告2013年第30号）第六条、第七条的规定，合同约定全部收汇的最终日期在出口退（免）税申报期限截止之日后的，应在合同约定最终收汇日期次月的增值税纳税申报期内，向主管税务机关提供收汇凭证，不能提供收汇凭证对应的出口货物适用增值税免税政策。因企业不能提供收汇凭证，对应的出口货物适用增值税免税政策，国家税务总局茂名市电白区税务局对“应追回已退（免）税款明细表”（见附件）所列业务的已退（免）税款共762 799.18元予以追回，企业应于2021年8月4日前到主管税务机关补缴。

2.16 外贸型出口企业申报退（免）税的计税依据与购进出口货物的增值税专用发票注明的金额、海关进口增值税专用缴款书注明的完税价格或税收缴款凭证上注明的金额不相符

2.16.1 基本情况（见表2-16）

表 2-16　　计税依据与注明金额不符时的纳税风险分析

序号	税种	风险环节	风险要素	具体税收风险描述	风险易发行业
16	出口退（免）税	申报退税	计税依据	外贸型出口企业申报退（免）税的计税依据与购进出口货物的增值税专用发票注明的金额、海关进口增值税专用缴款书注明的完税价格或税收缴款凭证上注明的金额不相符	外贸型出口企业

2.16.2 基本规定

《财政部 国家税务总局关于出口货物劳务增值税和消费税政策的通知》（财税〔2012〕39号）规定：出口货物劳务的增值税退（免）税的计税依据，按出口货物劳务的出口发票（外销发票）、其他普通发票或购进出口货物劳务的增值税专用发票、海关进口增值税专用缴款书确定。

（一）生产企业出口货物劳务（进料加工复出口货物除外）增值税退（免）税的计税依据，为出口货物劳务的实际离岸价（FOB）。实际离岸价应以出口发票上的离岸价为准，但如果出口发票不能反映实际离岸价，主管税务机关有权予以核定。

（二）生产企业进料加工复出口货物增值税退（免）税的计税依据，按出口货物的离岸价（FOB）扣除出口货物所含的海关保税进口料件的金额后确定。

本通知所称海关保税进口料件，是指海关以进料加工贸易方式监管的出口企业从境外和特殊区域等进口的料件。包括出口企业从境外单位或个人购买并从海关保税仓库提取且办理海关进料加工手续的料件，以及保税区外的出口企业从保税区内的企业购进并办理海关进料加工手续的进口料件。

（三）生产企业国内购进无进项税额且不计提进项税额的免税原材料加工后出口的货物的计税依据，按出口货物的离岸价（FOB）扣除出口货物所含的国内购进免税原材料的金额后确定。

（四）外贸企业出口货物（委托加工修理修配货物除外）增值税退（免）税的计税依据，为购进出口货物的增值税专用发票注明的金额或海关进口增值税专用缴款书注明的完税价格。

（五）外贸企业出口委托加工修理修配货物增值税退（免）税的计税依据，为加工修理修配费用增值税专用发票注明的金额。外贸企业应将加工修理修配使用的原材料（进料加工海关保税进口料件除外）作价销售给受托加工修理修配的生产企业，受托加工修理修配的生产企业应将原材料成本并入加工修理修配费用开具发票。

【例2-20】

A贸易公司于2010年成立，法定代表人陈某，主营针织服装销售及代理各类商品的进出口业务，大部分商品通过深圳等口岸报关离境，出口到美国、英国、香港等10多个国家和地区。

据国家税务总局发布的涉及该贸易公司的26条出口退税疑点线索信息显示，该贸易公司从东莞市某服饰有限公司（以下简称B公司）一家企业共取得20份增值税专用发票，对应报关单19份，出口商品全部为针织服装，出口退税率高达16%，企业累计申报出口金额达1 553.2万元，已办理出口退税248.5万元，疑点十分突出。

专案组立即对A贸易公司的出口退税单证逐一进行翻译甄别和对比审核，对业务流程进行模拟推演，并发现了新的疑点。

A贸易公司的16份备案提运单存在明显改动痕迹，字迹和字体存在出入。不仅如此，该贸易公司将25份不属于提运单的单证作为提运单备案。其中5份“货代提单”内容不全；15份“海运提单”出具的船代公司经查并不存在；3份“海运提单”的集装箱号模糊不清，与报关单不相匹配；2份标注有S/O字样的单证，全部是用空白A4纸打印，且“发货人”栏名称并非该贸易公司，也未出具单位的名称、印章和经办人签名，不能作为提运单备案。

不少装货单也存在着造假嫌疑：同一船代公司和同一海关的经办人在不同日期装货单上的签名及盖章固定在一个位置上，且签名字迹无任何变化，明显是扫描之后多次使用。同时，内容不全，且与提运单主要要素不一致，存在制假使用的嫌疑。

A贸易公司与某时装公司签订的所有“销售确认书”中，约定装运目的地为美国洛杉矶，随同开给该时装公司的出口商品发票，载明目的地却是中国香港，且货物报关单及海运提单载明的指运港及目的国除少部分是美国的港口外，大多为西班牙、德国、英国等其他国家港口。种种迹象表明，A贸易公司骗取出口退税的可能性非常大。

带着种种谜团，专案组首先对A贸易公司上游供货企业进行全面调查。经查，该贸易公司上游供货企业共有三家，其中一家为外地企业，即B公司；两家为本地企业，即广安市某服饰有限公司（以下简称C公司）和邻水县某织造有限公司（以下简称D公司）。

经专案组调查发现，A贸易公司与B公司和C公司存在关联关系。C公司法定代表人是A贸易公司法定代表人陈某的弟媳，B公司法定代表人是陈某的弟弟，同时还是C公司的实际控制人。

经对三家关联企业间的账务检查和对物流、票流、资金流的调查，专案组发现，该贸易公司账上均未记载与购进货物相匹配的运输费用，且账上记载的其他邮政物流公司运费与实际收费不一致。同时，该贸易公司与C公司资金往来存在重大疑点。A贸易公司从对公账户划款至C公司账户上后，C公司在收到的当天，便将所收款项全部转入A贸易公司在东莞开立的一些个人账户，累计金额达2 152.9万元。

为尽快查清案情真相，专案组先后两次专程前往深圳，获取了5份真实的海运提单和订舱单信息资料。经核对，经华南中远国际货运有限公司海运的3个集装箱货物和经深圳永航国际船务代理有限公司海运的2个集装箱货物，全部由深圳市华荣物流有限公司代理订舱业务，而华荣物流公司提供的5份真实海运提单与A贸易公司提交的备案“海运提单”对应的“发货人”和“收货人”均不一致。同时，华荣物流公司声明与A贸易公司无任何业务往来。据此，专案组确认，A贸易公司提交的5份备案“海运提单”均为伪造的虚假提单。

随着案情逐步明朗，广安市国税局及时向广安市公安局经侦支队移送了有关证据资料，双方成立了联合办案小组，集中力量查办此案。

经税警先后五次外调，查实税务总局发布的A贸易公司26条出口退税疑点线索信息涉及的19份报关单，全部为虚假单证，而A贸易公司随后提供的52份海运提单经过鉴别，也全部为假单。

在证据面前，包括陈某在内的6名犯罪嫌疑人均承认了犯罪事实。据陈某供述，A贸易公司在没有任何真实货物交易的情况下，以10%的“票点费”，从B公司、C公司和D公司购买虚开的增值税专用发票，以每“出口”1美元3分、5分或6分人民币的报关费用，从卖单人手中购买伪造的报关单证，并以中间价高于平价的结汇费用，从境外客户购买外汇，从而以全程造假的手段骗取国家出口退税款。

几经周折，本案终于真相大白。经查实，A贸易公司在2011年1月—2014年2月，共购得虚开的增值税专用发票673份，票面金额达9 287.9万元，税额达1 578.9万元；从卖单人手中购得伪造的报关单证71单；同时采取虚构外商、伪造外贸合同、从境外非法调入外汇等手段，共计骗取国家出口退税款1 294.5万元，数额特别巨大。目前，广安市国税局已追回已退税款250万元，6名涉案人员已移交司法机关处理。

2.17　生产型出口企业申报免抵退税的计税依据与出口发票的离岸价（FOB）金额不相符（进料加工复出口货物除外）

2.17.1　基本情况（见表2–17）

表 2–17　　申报计税依据与 FOB 金额不符时的纳税风险分析

序号	税种	风险环节	风险要素	具体税收风险描述	风险易发行业
17	出口退（免）税	申报退税	计税依据	生产型出口企业申报免抵退税的计税依据与出口发票的离岸价（FOB）金额不相符（进料加工复出口货物除外）	生产型出口企业

2.17.2　基本规定

《国家税务总局关于印发〈生产企业出口货物“免、抵、退”税管理操作规程〉（试行）的通知》（国税发〔2002〕11号）规定：生产企业出口货物“免抵退税额”应根据出口货物离岸价、出口货物退税率计算。出口货物离岸价

（FOB）以出口发票上的离岸价为准（委托代理出口的，出口发票可以是委托方开具的或受托方开具的），若以其他价格条件成交的，应扣除按会计制度规定允许冲减出口销售收入的运费、保险费、佣金等。若申报数与实际支付数有差额的，在下次申报退税时调整（或年终清算时一并调整）。若出口发票不能如实反映离岸价，企业应按实际离岸价申报"免抵退"税，税务机关有权按照《中华人民共和国税收征收管理法》《中华人民共和国增值税暂行条例》等有关规定予以核定。

《财政部 国家税务总局关于出口货物劳务增值税和消费税政策的通知》（财税〔2012〕39号）规定：生产企业出口货物增值税退（免）税的计税依据为出口货物劳务出口时发票的实际离岸价（FOB）。免抵退税额=出口货物劳务的实际离岸价×退税率，外销进项税额=出口货物劳务的实际离岸价×征税率。

《国家税务总局关于〈出口货物劳务增值税和消费税管理办法〉有关问题的公告》（国家税务总局2013年第12号公告）第二条第（九）项规定：生产企业申报免抵退税时，若报送的"生产企业出口货物免、抵、退税申报明细表"中的离岸价与相应出口货物报关单上的离岸价不一致的，应按主管税务机关的要求填报"离岸价差异原因说明表"及电子数据，经主管税务机关认可后，可按照实际的单价及出口额申报出口退税。

【例2–21】

2015年11月4日，当事人A公司向B海关申报出口货物1票，目的国为日本，成交方式为FOB。该票报关单表体项下第一项商品申报名称为数码相机框架，申报数量1 000个，申报总价1 633 050美元；第2项商品申报商品名称为数码相机边框，申报数量1 000个，申报总价1 280 600美元。

经当事人自查，该票报关单两项出口商品的申报币制与报关单随附单据显示的出口价格实际币制不符，实际出口商品的价格币制均为日元，当事人填报为美元。因此，当事人出口货物高报价格大约100倍。事后，当事人A公司主动向B海关报明币制申报错误的情况，B海关立案调查。

第3章

企业所得税纳税风险点案例分析

3.1 发生的职工福利费、职工教育经费、工会经费支出不符合税法规定的支付对象、规定范围、确认原则和列支限额等，未调增应纳税所得额，已计提但未实际发生，或者实际发生的职工福利费、工会经费、职工教育经费超过列支限额未作纳税调整

3.1.1 基本情况（见表3-1）

表3-1 职工福利费、职工教育经费、工会经费支出申报处理有误时的纳税风险分析

序号	税种	风险环节	风险要素	具体税收风险描述	风险易发行业
1	企业所得税	申报缴税	计税依据	发生的职工福利费、职工教育经费、工会经费支出不符合税法规定的支付对象、规定范围、确认原则和列支限额等，未调增应纳税所得额，已计提但未实际发生，或者实际发生的职工福利费、工会经费、职工教育经费超过列支限额未作纳税调整	所有行业

3.1.2 基本规定

3.1.2.1 职工福利费

《中华人民共和国企业所得税法实施条例》第四十条规定：企业发生的职

工福利费支出，不超过工资薪金总额14%的部分，准予扣除。

《关于企业工资薪金和职工福利费等支出税前扣除问题的公告》（国家税务总局2015年第34号）第一条规定：列入企业员工工资薪金制度、固定与工资薪金一起发放的福利性补贴，符合《国家税务总局关于企业工资薪金及职工福利费扣除问题的通知》（国税函〔2009〕3号）第一条规定的，可作为企业发生的工资薪金支出，按规定在税前扣除。不能同时符合上述条件的福利性补贴，应作为国税函〔2009〕3号文件第三条规定的职工福利费，按规定计算限额税前扣除。

其中，《国家税务总局关于企业工资薪金及职工福利费扣除问题的通知》（国税函〔2009〕3号）第一条规定：关于合理工资薪金问题《实施条例》第三十四条所称的“合理工资薪金”，是指企业按照股东大会、董事会、薪酬委员会或相关管理机构制订的工资薪金制度规定实际发放给员工的工资薪金。税务机关在对工资薪金进行合理性确认时，可按以下原则掌握：（一）企业制订了较为规范的员工工资薪金制度；（二）企业所制订的工资薪金制度符合行业及地区水平；（三）企业在一定时期所发放的工资薪金是相对固定的，工资薪金的调整是有序进行的；（四）企业对实际发放的工资薪金，已依法履行了代扣代缴个人所得税义务；（五）有关工资薪金的安排，不以减少或逃避税款为目的。

《国家税务总局关于企业工资薪金及职工福利费扣除问题的通知》（国税函〔2009〕3号）第二条规定：《实施条例》第四十条、四十一条、四十二条所称的“工资薪金总额”，是指企业按照本通知第一条规定实际发放的工资薪金总和，不包括企业的职工福利费、职工教育经费、工会经费以及养老保险费、医疗保险费、失业保险费、工伤保险费、生育保险费等社会保险费和住房公积金。

3.1.2.2 职工教育经费

《中华人民共和国企业所得税法实施条例》第四十二条规定：除国务院财政、税务主管部门另有规定外，企业发生的职工教育经费支出，不超过工资薪金总额2.5%的部分，准予扣除；超过部分，准予在以后纳税年度结转扣除。

《财政部 税务总局关于企业职工教育经费税前扣除政策的通知》（财税〔2018〕51号）规定：企业发生的职工教育经费支出，不超过工资薪金总额8%的部分，准予在计算企业所得税应纳税所得额时扣除；超过部分，准予在以后纳税年度结转扣除。本通知自2018年1月1日起执行。

《财政部 税务总局 商务部 科技部 国家发展改革委关于将技术先进型服务企业所得税政策推广至全国实施的通知》（财税〔2017〕79号）规定：自2017年1月1日起，经认定的技术先进型服务企业发生的职工教育经费支出，不超过工资薪金总额8%的部分，准予在计算应纳税所得额时扣除；超过部分，准予在以后纳税年度结转扣除。

《关于高新技术企业职工教育经费税前扣除政策的通知》（财税〔2015〕63号）规定：高新技术企业发生的职工教育经费支出，不超过工资薪金总额8%的部分，准予在计算企业所得税应纳税所得额时扣除；超过部分，准予在以后纳税年度结转扣除。本通知所称高新技术企业，是指注册在中国境内、实行查账征收、经认定的高新技术企业。

《关于进一步鼓励软件产业和集成电路产业发展企业所得税政策的通知》（财税〔2012〕27号）规定：集成电路设计企业和符合条件软件企业的职工培训费用，应单独进行核算并按实际发生额在计算应纳税所得额时扣除。

《关于扶持动漫产业发展有关税收政策问题的通知》（财税〔2009〕65号）规定：经认定的动漫企业自主开发、生产动漫产品，可申请享受国家现行鼓励软件产业发展的所得税优惠政策。经认定的动漫企业自主开发、生产动漫产品，单独进行核算的职工培训费用按实际发生额在计算应纳税所得额时扣除。

《国家税务总局关于企业所得税应纳税所得额若干问题的公告》（国家税务总局公告2014年第29号）规定：核力发电企业为培养核电厂操纵员发生的培养费用，可作为企业的发电成本在税前扣除。企业应将核电厂操纵员培养费与员工的职工教育经费严格区分，单独核算，员工实际发生的职工教育经费支出不得计入核电厂操纵员培养费直接扣除。

《关于企业职工教育经费提取与使用管理的意见》（财建〔2006〕317号）规定：企业职工教育培训经费列支范围包括：

（1）上岗和转岗培训；

（2）各类岗位适应性培训；

（3）岗位培训、职业技术等级培训、高技能人才培训；

（4）专业技术人员继续教育；

（5）特种作业人员培训；

（6）企业组织的职工外送培训的经费支出；

（7）职工参加的职业技能鉴定、职业资格认证等经费支出；

（8）购置教学设备与设施；

（9）职工岗位自学成才奖励费用；

（10）职工教育培训管理费用；

（11）有关职工教育的其他开支。

经单位批准或按国家和省、市规定必须到本单位之外接受培训的职工，与培训有关的费用由职工所在单位按规定承担。

经单位批准参加继续教育以及政府有关部门集中举办的专业技术、岗位培训、职业技术等级培训、高技能人才培训所需经费，可从职工所在企业职工教育培训经费中列支。

为保障企业职工的学习权利和提高他们的基本技能，职工教育培训经费的60%以上应用于企业一线职工的教育和培训。当前和今后一个时期，要将职工教育培训经费的重点投向技能型人才特别是高技能人才的培养以及在岗人员的技术培训和继续学习。

企业职工参加社会上的学历教育以及个人为取得学位而参加的在职教育，所需费用应由个人承担，不能挤占企业的职工教育培训经费。

矿山和建筑企业等聘用外来农民工较多的企业，以及在城市化进程中接受农村转移劳动力较多的企业，对农民工和农村转移劳动力培训所需的费用，可从职工教育培训经费中支出。

3.1.2.3　工会经费

《中华人民共和国企业所得税法实施条例》第四十一条规定：企业拨缴的工会经费，不超过工资薪金总额2%的部分，准予扣除。

《国家税务总局关于工会经费企业所得税税前扣除凭据问题的公告》（国家税务总局公告2010年第24号）规定：根据《工会法》《中国工会章程》和财政部颁布的《工会会计制度》，以及财政票据管理的有关规定，全国总工会决定从2010年7月1日起，启用财政部统一印制并套印财政部票据监制章的“工会经费收入专用收据”，同时废止“工会经费拨缴款专用收据”。为加强对工会经费企业所得税税前扣除的管理，现就工会经费税前扣除凭据问题公告如下：自2010年7月1日起，企业拨缴的职工工会经费，不超过工资薪金总额2%的部分，凭工会组织开具的“工会经费收入专用收据”在企业所得税税前扣除。

《国家税务总局关于税务机关代收工会经费企业所得税税前扣除凭据问题

的公告》（国家税务总局公告2011年第30号）规定：自2010年1月1日起，在委托税务机关代收工会经费的地区，企业拨缴的工会经费，也可凭合法、有效的工会经费代收凭据依法在税前扣除。

《中华全国总工会 税务总局关于进一步加强工会经费税前扣除管理的通知》（总工发〔2005〕9号）规定：一、凡依法建立工会组织的企业、事业单位以及其他组织，每月按照全部职工工资总额的2%向工会拨缴工会经费，并凭工会组织开具的“工会经费拨缴款专用收据”在税前扣除。工资总额按照国家统计局《关于工资总额组成的规定》（1990年第1号令）颁布的标准执行，工资总额组成范围内的各种奖金、津贴和补贴等，均计算在内。二、“工会经费拨缴款专用收据”是由财政部、全国总工会统一监制和印制的收据，由工会系统统一管理。各级工会所需收据应到有经费拨缴关系的上一级工会财务部门领购。三、对企业、事业单位以及其他组织没有取得“工会经费拨缴款专用收据”而在税前扣除的，税务部门按照现行税收有关规定在计算企业所得税时予以调整，并按照税收征管法的有关规定予以处理。

【例3-1】

Y公司，2018年福利费支出总额未超过工资、薪金总额的14%，但企业在“管理费用——福利费”科目列支20万元费用，其中列支部分员工5万元的“健身费”与15万元的“旅游费”。

经税务稽查，要求该公司对部分员工列支的20万元调整相应应纳税所得额，并补缴企业所得税和加收滞纳金。

处理政策依据一：《国家税务总局关于企业工资薪金及职工福利费扣除问题的通知》（国税函〔2009〕3号）规定，可在企业所得税税前限额扣除的职工福利费，主要有三种情况：

（一）尚未实行分离办社会职能的企业，其内设福利部门所发生的设备、设施和人员费用，包括职工食堂、职工浴室、理发室、医务所、托儿所、疗养院等集体福利部门的设备、设施及维修保养费用和福利部门工作人员的工资薪金、社会保险费、住房公积金、劳务费等。

（二）为职工卫生保健、生活、住房、交通等所发放的各项补贴和非货币性福利，包括企业向职工发放的因公外地就医费用、未实行医疗统筹企业职工医疗费用、职工供养直系亲属医疗补贴、供暖费补贴、职工防暑降温费、职工困难补贴、救济费、职工食堂经费补贴、职工交通补贴等。

（三）按照其他规定发生的其他职工福利费，包括丧葬补助费、抚恤费、安家费、探亲假路费等。

处理政策依据二：是与企业取得收入不直接相关支出，不得税前扣除。

【例3-2】

X公司，2018年在职工食堂招待客户用餐10万元，应计入“管理费用——业务招待费”，而误入职工福利费；同时2018年年底，X公司工会组织职工业余文体活动，购买运动服装5万元，应计入工会经费，而不应计入职工福利费。

经税务稽查，企业调整相应会计科目，由于该企业2018年原企业所得税汇算清缴时，企业业务活动经费与工会经费均超标，故本次对列支的15万元，调整相应应纳税所得额，并补缴企业所得税和加收滞纳金。

处理政策依据一：《中华人民共和国企业所得税法实施条例》第四十一条、第四十三条。

处理政策依据二：《中华全国总工会办公厅关于印发〈基层工会经费收支管理办法〉的通知》（总工办发〔2017〕32号）。

【例3-3】

某税务局在对生产企业A企业开展税务检查时发现，该企业2016年利润表中“主营业务成本”的本年发生额为1 000万元，现金流量表中“购买商品、接受劳务支付的现金”本年发生额为1 406万元。两者之间406万元的差额引起了检查人员的重点关注。

对此疑问，A企业解释差额产生的原因主要是利润表、现金流量表的填报口径分别为权责发生制和收付实现制。

但当检查人员根据A企业2016年会计报表及明细账，以现金流出为基数对成本进行推算后，剔除填报口径因素，仍存在250万元的差额。检查人员要求对此差额做出解释，企业却迟迟不能答复。

随后，检查人员结合明细账中“主营业务成本”对应的贷方科目及原材料领用记录、商品发出记录等资料，对A企业的成本构成进行了细致分析，发现A企业在12月编制了一笔会计分录：借记“主营业务成本”科目，贷记“其他应付款”科目，金额为250万元。经调查取证，此笔账务为计提的生产工人的职工福利费，且该福利费在2016年并没有实际发生。原来，A企业通过“其他应付款”科目多计提福利费，从而达到虚列人工费、虚增成本的目的。

风险点睛：

1.企业除了关注收入与成本是否匹配，还需要关注企业的成本支出与现金流支出（收入与现金流收入）是否匹配，如果根据利润表与现金流量表的权责发生制与收付实现制进行调整后依然不匹配，说明企业很可能在成本结转处理上存在问题，容易引发税务风险。

2.在金三系统大数据比对下，警惕逃避税款风险。财务人员要密切关注企业财务和税务数据的勾稽关系，合规处理成本结转。案例中，税务机关通过利润表与现金流量表之间的数据关系异常，发现企业明细账数据账务处理不规范，查出企业偷逃税款的行为，一环扣一环。在风险检测指标越来越多的情形下，企业税收违法行为稍露半点马脚就可能被发现。

3.2　更正申报以前年度增值税，未调整对应年度企业所得税申报

3.2.1　基本情况（见表3-2）

表 3-2　更正申报以前年度增值税，未调整对应年度企业所得税申报时的纳税风险分析

序号	税种	风险环节	风险要素	具体税收风险描述	风险易发行业
2	企业所得税	申报缴税	计税依据	更正申报以前年度增值税，未调整对应年度企业所得税申报	所有行业

3.2.2　基本规定

公司在日常的纳税申报中，收入项目申报依据：申报期内所开具的销售发

票金额，这给企业带来了严重的税务风险隐患。

《中华人民共和国增值税暂行条例》第十九条界定了两大类收入确认时点：一类是应税销售行为；另一类是进口货物行为。《中华人民共和国增值税暂行条例实施细则》中第三十八条就是针对《中华人民共和国增值税暂行条例》第十九条进行细化，在应税销售行为发生时，按照收入结算方式不同，即直接收款方式、赊销收款方式、预收款方式、托收承付方式等界定了不同的收入义务发生时点，其中第三十八条第三款：采取赊销和分期收款方式销售货物，为书面合同约定的收款日期的当天，无书面合同的或者书面合同没有约定收款日期的，为货物发出的当天。

《财政部 国家税务总局关于全面推开营业税改征增值税试点的通知》针对一些营改增应税服务行业纳税收入时点确认作了详细的规定，其中第四十五条的第二款，纳税人提供建筑服务、租赁服务采取预收款方式的，其纳税义务发生时间为收到预收款的当天。

【例3-4】

ABH公司于2016年9月15日成立，注册资本：壹仟万圆整；公司类型：有限责任公司（自然人投资或控股）；经营范围：环保技术开发、技术咨询、技术转让及技术服务；环境影响评价、环境工程、环境设施管理、环境检测、建设项目竣工验收调查。

2019年1月，公司股东会决定申报2019年国家高新项目，公司2016—2018年销售收入5 525.80万元，其中研发费用为338.90万元，占收入总额的6.13%，符合《高新技术企业认定管理工作指引》的规定，2019年财务部人员对2016—2018年的账务进行了归类整理，于2019年5月向科技局和税务局递交申报资料。税务部门依指引要求对ABH公司的账务进行检查，在检查中发现ABH公司2017年增值税申报收入为1 356.75万元，所得税申报收入为1 600.75万元，两者相差244万元。2017年ABH公司原增值税年度申报收入和所得税年度申报收入均为1 356.75万元，2019年4月ABH公司对2017年度的所得税收入进行修正申报，调增收入244万元，修正后2017年所得税年度申报收入总额为1 600.75万元。增值税年度申报收入未进行修正，增值税年度申报收入仍然为1 356.75万元。ABH公司修正申报纳税情况分析如下：

（一）2019年4月对2017年所得税收入调增244万元，修改申报前企业应纳税所得额为–267万元，调增所得税收入后，未弥补亏损额23万元，无须交所得税。

（二）ABH公司财务将此项调增244万元收入确认2017年度主营业务收入。

（三）2017年ABH公司财务和委托方进行工程结算，由于此笔款项不在结算工程进度范围内，所以未开具244万元工程结算发票，因此不符合增值税收入确认条件，无须调增增值税申报收入。

税务局发现两个税种收入申报数据异常，要求ABH公司提供与收入相关的合同、2017年该工程相关发票以及工程款结算单据。税务人员查阅了该环保工程相关合同，合同于2017年3月25日签订，合同预计总价3 000万元，工程结算方式为先预付工程15%工程款，后期按照工程进度结算付款。2017年度该工程按结算已开具发票956万元，2017年增值税申报和所得税汇算均按956万元确认了收入，但工程实际完工进度为40%，按工程进度计算的收入应为1 200万元，2017年差异244万元未确认收入，依据《中华人民共和国企业所得税法实施条例》第二十三条第二款，“以分期收款方式销售货物的，按照合同约定的收款日期确认收入的实现；企业受托加工制造大型机械设备、船舶、飞机，以及从事建筑、安装、装配工程业务或者提供其他劳务等，持续时间超过12个月的，按照纳税年度内完工进度或者完成的工作量确认收入的实现。”因此，ABH公司2019年更正申报补计所得税收入244万元是合理的。

矛盾的焦点在于这244万元是否应该确认增值税的应税收入？ABH公司的财务认为：因该工程按照合同约定，依据工程进度结算、开票、付款，此笔款项244万元未进行工程结算、未开具工程发票，所以在增值税申报表不确认应税收入。税务局根据企业提供的合同、凭证、账簿资料审查后，则认为ABH公司该笔款项应调增增值税的应税收入。理由：虽然该笔款项未进行工程结算，开具相应的发票，这不是纳税义务发生的唯一标准，该笔工程的预收款账户显示，委托方已经预付工程款1 200万元，ABH公司按照956万元结算开票金额申报增值税收入，依据《财政部 国家税务总局关于全面推开营业税改征增值税试点的通知》(财税〔2016〕36号)第四十五条第二款，纳税人提供建筑服务、租赁服务采取预收款方式的，其纳税义务发生时间为收到预收款的当天。ABH公司提供的环保工程服务属于建筑业工程范围，ABH公司应补缴预收工程款244万元的增值税及滞纳金。ABH公司按税务机关要求在规定时间内补缴了244万元款项的相关增值税及滞纳金。

3.3 错误申报资产总额、从业人数导致应享受小型微利企业税收优惠政策而未享受，或不应享受小型微利企业税收优惠政策而进行了享受

3.3.1 基本情况（见表3-3）

表 3-3　　享受小型微利企业税收优惠不当时的纳税风险分析

序号	税种	风险环节	风险要素	具体税收风险描述	风险易发行业
3	企业所得税	申报缴税	资格认定	错误申报资产总额、从业人数导致应享受小型微利企业税收优惠政策而未享受，或不应享受小型微利企业税收优惠政策而进行了享受	所有行业

3.3.2 基本规定

《中华人民共和国企业所得税法》第二十八条规定：符合条件的小型微利企业，减按20%的税率征收企业所得税。上述小型微利企业是指从事国家非限制和禁止行业，且同时符合年度应纳税所得额不超过300万元、从业人数不超过300人、资产总额不超过5 000万元等三个条件的企业。从业人数，包括与企业建立劳动关系的职工人数和企业接受的劳务派遣用工人数。

所称从业人数和资产总额指标，应按企业全年的季度平均值确定。具体计算公式如下：

季度平均值=(季初值+季末值)÷2

全年季度平均值=全年各季度平均值之和÷4

年度中间开业或者终止经营活动的，以其实际经营期作为一个纳税年度确

定上述相关指标。

《财政部 税务总局关于实施小微企业普惠性税收减免政策的通知》（财税〔2019〕13号）第二条规定：对小型微利企业年应纳税所得额不超过100万元的部分，减按25%计入应纳税所得额，按20%的税率缴纳企业所得税；对年应纳税所得额超过100万元但不超过300万元的部分，减按50%计入应纳税所得额，按20%的税率缴纳企业所得税。《财政部 税务总局关于实施小微企业和个体工商户所得税优惠政策的公告》（财政部 税务总局公告2021年第12号）规定，对小型微利企业年应纳税所得额不超过100万元的部分，在《财政部 税务总局关于实施小微企业普惠性税收减免政策的通知》（财税〔2019〕13号）第二条规定的优惠政策基础上，再减半征收企业所得税，执行期限为2021年1月1日至2022年12月31日。

《财政部 税务总局关于明确增值税小规模纳税人免征增值税政策的公告》（财政部 税务总局公告2021年第11号）规定：自2021年4月1日至2022年12月31日，对月销售额15万元以下（含本数）的增值税小规模纳税人，免征增值税。

《财政部 税务总局关于实施小微企业普惠性税收减免政策的通知》（财税〔2019〕13号）规定：对小型微利企业年应纳税所得额不超过100万元的部分，减按25%计入应纳税所得额，按20%的税率缴纳企业所得税；对年应纳税所得额超过100万元但不超过300万元的部分，减按50%计入应纳税所得额，按20%的税率缴纳企业所得税。对小型微利企业年应纳税所得额不超过100万元的部分。《财政部 税务总局关于实施小微企业和个体工商户所得税优惠政策的公告》（财政部 税务总局公告2021年第12号）规定：在《财政部 税务总局关于实施小微企业普惠性税收减免政策的通知》（财税〔2019〕13号）第二条规定的优惠政策基础上，再减半征收企业所得税。

【例3-5】

广州B公司今年6月购入不需安装即可使用的机器5台，每台单价80万元，总价400万元，同类型机器正常使用寿命10年。

该企业会计人员采用加速折旧方法，税务处理上，选择一次性税前扣除；会计处理上，直接将上述固定资产列支于“生产成本——制造费用”，年度财务报表显示的资产总额为4 800万元。问题在哪里呢？

按会计规定，企业为生产产品、提供劳务、出租或经营管理而持有的使用寿命超过1年的有形资产，应作为固定资产核算，并按适当的使用寿命计提折旧。也就是说，该企业的资产总额应该是5 180（4 800+400−400÷120×6）万元，该企业不符合小微企业优惠条件。

【例3–6】

A公司是一家2013年成立的从事婚纱摄影服务、旅游活动策划、旅游产品的技术开发企业，初期常为亏损或微利状态，随着公司业务的迅速发展，其营业收入也在年年攀升。

某天，A公司的财务负责人陈先生接到税务机关的电话，通知他带上企业相关资料到税务局核实情况。税务机关工作人员告诉陈先生，A公司在2018年企业所得税年度纳税申报基础信息表上填写的资产总额为973万元，但经查其财务报表信息，该公司的资产总额（平均值）按照按财税〔2018〕77号规定，应为其全年的季度的平均值1 113.35万元，与其实际填报的数据不一致，存在税收风险。

陈先生称："按照我的理解，企业所得税年度纳税申报基础信息表上的资产总额要求填写平均值，那就是年度平均值，所以我们是根据资产总额年初数和年末数加权平均计算得来的。"

税务机关工作人员告诉陈先生："根据《财政部 税务总局关于进一步扩大小型微利企业所得税优惠政策范围的通知》（财税〔2018〕77号）规定，从业人数和资产总额指标，应按企业全年的季度平均值确定。具体计算公式为：季度平均值=（季初值+季末值）÷2，全年季度平均值=全年各季度平均值之和÷4。"

由于资产总额计算错误，导致纳税人本来不符合小型微利企业优惠条件，但享受了优惠，经重新计算，资产总额超过1 000万元，不能享受小型微利企业优惠，因此补缴了税款和滞纳金。

3.4　申报时，是否国家禁止性行业或者高新企业选择错误导致应享受税收优惠政策而未享受或不应享受税收优惠政策而进行了享受

3.4.1　基本情况（见表3–4）

表 3–4　　错误享受税收优惠政策时的纳税风险分析

序号	税种	风险环节	风险要素	具体税收风险描述	风险易发行业
4	企业所得税	申报缴税	资格认定	申报时，是否国家禁止性行业或者高新企业选择错误导致应享受税收优惠政策而未享受或不应享受税收优惠政策而进行了享受	所有行业

3.4.2　基本规定

《中华人民共和国企业所得税法实施条例》第二十八条规定：国家需要重点扶持的高新技术企业减按15%的税率征收企业所得税。

《科技部 财政部 国家税务总局关于修订印发〈高新技术企业认定管理办法〉的通知》（国科发火〔2016〕32号）规定：认定为高新技术企业须同时满足以下条件：1.企业申请认定时须注册成立一年以上。2.企业通过自主研发、受让、受赠、并购等方式，获得对其主要产品（服务）在技术上发挥核心支持作用的知识产权的所有权。3.对企业主要产品（服务）发挥核心支持作用的技术属于《国家重点支持的高新技术领域》规定的范围。4.企业从事研发和相关技术创新活动的科技人员占企业当年职工总数的比例不低于10%。5.企业近三个会计年度（实际经营期不满三年的按实际经营时间计算，下同）的研究开发费用总额占同期销售收入总额的比例符合如下要求：（1）最近一年销售收入小于5 000万元（含）的企业，比例不低于5%；（2）最近一年销售收入在5 000万元至2亿元（含）的企业，比例不低于4%；（3）最近一年销售收入在2亿元以上的企业，比例不低于3%。其中，企业在中国境内发生的研究开发费用总额占全部研究开发费用总额的比例不低于60%。6.近一年高新技术产品（服务）收入占企业同期总收入的比例不低于60%。7.企业创新能力评价应达到相应要求。8.企业申请认定前一年内未发生重大安全、重大质量事故或严重环境违法行为。

《国家税务总局关于实施高新技术企业所得税优惠政策有关问题的公告》（国家税务总局公告2017年第24号）第一条规定：企业获得高新技术企业资格后，自高新技术企业证书注明的发证时间所在年度起申报享受税收优惠，并按

规定向主管税务机关办理备案手续。企业的高新技术企业资格期满当年，在通过重新认定前，其企业所得税暂按15%的税率预缴，在年底前仍未取得高新技术企业资格的，应按规定补缴相应期间的税款。

【例3-7】

大连某信息技术有限公司，是一家全球领先的IT服务与解决方案的外资企业，连续多年被认定为国家规划布局内的重点软件企业，具有大规模的自主研发能力。在企业享受研发费用加计扣除政策的调查中，企业负责人表示不愿意享受此项优惠政策。据该企业负责人反映，企业目前处于亏损状态，如果享受该政策，会增加亏损，在报表上“不好看”。

对企业负责人的错误观点，税务人员表示，研发费用加计扣除政策增加的亏损只是企业所得税报表中的“纳税调整后所得”，并不增加企业利润表中的亏损。经过测算，企业加计扣除的金额高达263万余元。经过辅导后，企业的顾虑消除了，最终享受到了这一政策利好。

国税局有关负责人认为，企业因对政策的理解有误导致了企业不愿意享受此优惠政策，该负责人建议，当纳税人在享受税收优惠有顾虑时，应该及时与税务机关沟通，而不要盲目放弃，确保税收优惠“应享尽享”。

3.5 为职工缴纳的基本养老保险费、基本医疗保险费、失业保险费、工伤保险费、生育保险费等基本社会保险费和住房公积金，未依照规定的范围和标准内税前扣除，超出部分未调增应纳税所得额

3.5.1 基本情况（见表3-5）

表 3-5　　未依照规定税前扣除时的纳税风险分析

序号	税种	风险环节	风险要素	具体税收风险描述	风险易发行业
5	企业所得税	申报缴税	计税依据	为职工缴纳的基本养老保险费、基本医疗保险费、失业保险费、工伤保险费、生育保险费等基本社会保险费和住房公积金，未依照规定的范围和标准内税前扣除，超出部分未调增应纳税所得额	所有行业

3.5.2 基本规定

《中华人民共和国企业所得税法实施条例》第三十五条规定：企业依照国务院有关主管部门或者省级人民政府规定的范围和标准为职工缴纳的基本养老保险费、基本医疗保险费、失业保险费、工伤保险费、生育保险费等基本社会保险费和住房公积金，准予扣除。

【例3–8】

甲公司在填报2017年度企业所得税申报表时，经账务清理发现：

1.甲公司2017年“应付职工薪酬——工资薪金”账户贷方发生额5 000万元；“工资薪金”实际支出且可以税前扣除金额为4 850万元（含2018年支付部分）。

2.甲公司2017年“应付职工薪酬——社会保险费单位部分”账户贷方发生额1 550万元，实际缴纳1 550万元（含2018年1月缴纳2017年所欠费用）。

3.甲公司2017年“应付职工薪酬——住房公积金单位部分”账户贷方发生额260万元，实际缴纳240万元。

4.甲公司2017年“应付职工薪酬——补充养老保险单位部分”账户贷方发生额60万元，实际缴纳60万元。经查，该项支出系公司为股东和核心骨干人员购买的补充养老保险。

5.甲公司2017年“应付职工薪酬——补充医疗保险单位部分”账户贷方发生额40万元，实际缴纳40万元。经查，该项支出系公司为股东和核心骨干人员购买的补充医疗保险。

6.甲公司2017年“应付职工薪酬——特殊工种人身意外伤害险”账户贷方发生额20万元，实际缴纳20万元。经查，该项支出系公司按照当地省安监局要求为高危特殊工种岗位人员购置的人身意外伤害险。

7.甲公司2017年“应付职工薪酬——团体意外伤害险”账户贷方发生额30万元，实际缴纳30万元。经查，该项支出系公司为全体员工购买的人身意外伤害险。

问题：甲公司2017年度五险一金等涉及的纳税调整及填报。

分析：

1.社会保险费计提1 550万元，缴纳1 550万元，可以税前扣除，无须进行调整；

2.住房公积金计提260万元，实际缴纳240万元，应调增应纳税所得额20万元；

3.补充养老保险和补充医疗保险只是给部分员工购买，不满足《关于补充养老保险费、补充医疗保险费有关企业所得税政策问题的通知》(财税〔2009〕27号)规定，不得税前扣除；

4.特殊工种人身意外伤害险是按照当地省安监局要求为高危特殊工种岗位人员购买，其支出可以税前扣除；

5.根据规定除国家强制规定为从事高空、高压、易燃、易爆、剧毒、放射性、高速运输、野外、矿井等高危作业人员办理的团体人身意外伤害保险或个人意外伤害保险，以及国家明确规定可税前扣除的其他商业保险费外，企业为员工购买的商业保险费均不得在计算企业所得税时扣除。团体意外伤害险属于商业保险，为员工购买团体意外伤害保险所支付的保费不属于可税前扣除的商业保险费范围，相应支出不得在计算企业所得税时扣除。

3.6 加计扣除超出规定标准和范围

3.6.1 基本情况（见表3-6）

表 3-6 加计扣除超出规定标准和范围时的纳税风险分析

序号	税种	风险环节	风险要素	具体税收风险描述	风险易发行业
6	企业所得税	申报缴税	计税依据	加计扣除超出规定标准和范围	所有行业

3.6.2 基本规定

《财政部 税务总局 科技部关于提高研究开发费用税前加计扣除比例的通知》(财税〔2018〕99号)规定：为进一步激励企业加大研发投入，支持科技创新，企业开展研发活动中实际发生的研发费用，未形成无形资产计入当期损益的，在按规定据实扣除的基础上，在2018年1月1日至2020年12月31日期间，再按照实际发生额的75%在税前加计扣除；形成无形资产的，在上述期间按照无形资产成本的175%在税前摊销(根据《财政部 税务总局关于延长部分税收优惠政策执行期限的公告》（财政部 税务总局公告2021年第6号）规定，该税收优惠政策执行期限延长至2023年12月31日）。

《财政部 国家税务总局 科技部关于完善研究开发费用税前加计扣除政策的通知》（财税〔2015〕119号）规定：研发活动，指企业为获得科学与技术新知识，创造性运用科学技术新知识，或实质性改进技术、产品（服务）、工艺而持续进行的具有明确目标的系统性活动。

【例3–9】

A公司是市内的一家游戏开发公司。在遭遇新冠疫情后，由于人们普遍减少外出和聚集性活动，催生了新一轮游戏热潮，A公司的营收也因此屡创新高。在游戏产业快速发展的同时，行业内部竞争也愈发激烈，使得A公司不得不持续加大研发投入。正当A公司财务小王苦于如何平衡公司的收入与研发支出时，他在某行业展览上了解到，业内企业普遍都享受了研发费用加计扣除优惠。于是，在年度汇算清缴申报时，小王将A公司当前的3个项目均按照适用75%加计扣除进行了填报。

一天，小王接到税务机关的电话，告知A公司可能存在错误享受研发费用加计扣除优惠的风险。

小王按要求提供研发费用支出的相关资料后，经税务机关判断及市科技创新委员会鉴定，A公司所申报的加计扣除项目中，有2个项目属于商品化后为顾客提供的技术支持活动，同时也是作为工业（服务）流程环节或常规指令控制、测试分析、维修维护活动。

根据《财政部 国家税务总局 科技部关于完善研究开发费用税前加计扣除政策的通知》（财税〔2015〕119号）规定，以下活动不适用税前加计扣除政策：企业产品（服务）的常规性升级；对某项科研成果的直接应用，如直接采用公开的新工艺、材料、装置、产品、服务或知识等；企业在商品化后为顾客提供的技术支持活动；对现存产品、服务、技术、材料或工艺流程进行的重复或简单改变；市场调查研究、效率调查或管理研究；作为工业（服务）流程环节或常规的质量控制、测试分析、维修维护；社会科学、艺术或人文学方面的研究。

因此，A公司相关的游戏售后技术支持、游戏故障的维护和游戏常规性升级，属于产品（服务）的常规性升级，以及作为工业（服务）流程环节或常规的质量控制、测试分析、维修维护，不可享受研发费用加计扣除优惠。在税务机关的辅导下，A公司重新梳理并正确归集相关费用，更正申报并补缴企业所得税税款及滞纳金35.4万元。

3.7 企业所得税预缴及汇算清缴收入额明显小于同期增值税申报收入额

3.7.1 基本情况（见表3–7）

表 3–7 企业所得税预缴及汇算清缴收入额小于同期增值税申报收入额时的纳税风险分析

序号	税种	风险环节	风险要素	具体税收风险描述	风险易发行业
7	企业所得税	申报缴税	计税依据	企业所得税预缴及汇算清缴收入额明显小于同期增值税申报收入额	所有行业

3.7.2 基本规定

《中华人民共和国企业所得税法》第五十四条规定：企业应当自年度终了之日起五个月内，向税务机关报送年度企业所得税纳税申报表，并汇算清缴，结清应缴应退税款。

一般情况下，年度申报所得税收入应大于或等于增值税申报收入。但是，有些情况下，企业年度申报所得税收入可能会小于增值税收入。

3.7.2.1 加工制造大型机械设备、船舶、飞机持续时间超过12个月

《增值税暂行条例实施细则》第三十八条第（四）项规定：生产销售生产工期起过12个月的大型机械设备、船舶、飞机等货物，为收到预收款或者书面合同约定的收款日期的当天。

《中华人民共和国企业所得税法实施条例》第二十三条第（二）项规定：企业受托加工制造大型机械设备、船舶、飞机，以及从事建筑、安装、装配工程业务或者提供其他劳务等，持续时间超过12个月的，找照纳税年度内完工进度或者完成的工作量确认收入的实现。

3.7.2.2 采取委托代销方式销售货物

《增值税暂行条例实施细则》第三十八条第（五）项规定：委托其他纳税人代销货物，为收到代销单位的代销清单或者收到全部或者部分货款的当天。未收到代销清单及货款的，为发出代销货物满180天的当天。

《国家税务总局关于确认企业所得税收入若干问题的通知》（国税函〔2008〕875号）第一条第（二）项第4目规定：销售商品采用支付手续费方式委托代销的，在收到代销清单时确认收入。

3.7.2.3 采取先开具发票，后发出商品

《增值税暂行条例》第十九条第（一）项规定：销售货物或者应税劳务，先开具发票的，为开具发票的当天。

根据《国家税务总局关于确认企业所得税收入若干问题的通知》（国税函〔2008〕875号）有关规定，如果企业先开具了发票，但不满足确认收入的相关条件，在企业所得税处理时也不需要确认收入。

3.7.2.4 资产用途发生内部改变

《增值税暂行条例实施细则》第四条规定，企业的下列行为视同销售：

设有两个以上机构并实行统一核算的纳税人，将货物从一个机构移送其他机构用于销售，但相关机构设在同一县（市）的除外；将自产或者委托加工的货物用于非增值税应税项目；将自产、委托加工的货物用于集体福利或者个人消费等。

根据《国家税务总局关于企业处置资产所得税处理问题的通知》（国税函〔2008〕828号）第一条规定，由于上述行为所涉及的资产所有权属在形式和实质上均未发生改变，可作为内部处置资产，不视同销售确认收入。

3.7.2.5 “买一赠一”销售货物

根据《国家税务总局关于印发〈增值税若干具体问题的规定〉的通知》（国税发〔1993〕154号）规定，纳税人采取折扣方式销售货物，如果销售额和折扣额在同一张发票上分别注明的，可按折扣后的销售额征收增值税。如果将折扣额另开发票，不论其在财务上如何处理，均不得从销售额中减除折扣额。《国家税务总局关于折扣额抵减增值税应税销售额问题通知》（国税函〔2010〕56号）进一步明确：纳税人采取折扣方式销售货物，销售额和折扣额在同一张发票上分别注明是指销售额和折扣额在同一张发票上的“金额”栏分别注明的，可按折扣后的销售额征收增值税。未在同一张发票“金额”栏注明折扣

额，而仅在发票的“备注”栏注明折扣额的，折扣额不得从销售额中减除。

《国家税务总局关于确认企业所得税收入若干问题的通知》（国税函〔2008〕875号）第三条规定，企业以“买一赠一”等方式组合销售本企业商品的，不属于捐赠，应将总的销售金额按各项商品的公允价值的比例来分摊确认各项的销售收入。

【例3-10】

某企业主要从事新型建筑材料、机械设备的制造与销售，客户均为大型国有企业。检查所属期内（2016—2018年度），该企业申报的增值税销售额与企业所得税应税收入存在明显差异。检查人员调取了企业账簿、凭证，发现其设置了“待发出产品”科目，该科目期末余额在贷方，反映已开票但尚未发货的金额。2018年，该科目余额为2.11亿元，占当年销售收入的88.4%，金额和占比均较大。检查人员又调取了2010—2015年度增值税与企业所得税申报表，以及历年风险应对、税务稽查案卷，发现该企业在2010—2018年9个年度内，共有8个年度增值税销售额大于企业所得税应税收入。

主管税务机关每年都对该企业进行风险分析，提示的风险点都涉及增值税与企业所得税申报收入差异。案卷里，企业对产生差异的原因给出了如下解释：客户为大型国有企业，在产业链中处于强势地位。客户出于自身项目工期、财务管理和资金结算的需要，存在要求供货商先开具发票后发货的情况。根据《国家税务总局关于确认企业所得税收入若干问题的通知》（国税函〔2008〕875号）规定，我单位于发货时确认收入，因此造成两者存在差异。

检查人员又将“待发出产品”科目与“应收账款”科目比对，发现2018年度“应收账款”科目期末余额为9 300万元，远远小于“待发出产品”科目，说明客户先付了款却未收货。“产成品”科目2018年度期末余额为1.02亿元，各种类型产品结存193 590个。通过分析，检查人员认为该企业所属的行业是充分竞争行业，生产产品并非紧缺商品，客户付款后长期未收货的情况不正常。检查人员初步判定，该企业存在未及时结转销售收入的情况。

在企业财务人员的陪同下，检查人员实地察看了企业仓库、生产车间，对产成品的实际数量和账载数量进行比对，并初步预估了生产成本。通过比对发现，库存产成品的实际数量、成本远小于账面数量和金额，这一发现更加印证了该企业存在未及时结转收入的重大嫌疑。对此差异，检查人员进一步询问了企业财务人员，财务人员让销售部门提供了一份《延迟发货函》复印件，企图蒙混过关。当检查人员要求提供“待发出产品”科目涉税明细和《购销合同》电子台账等资料时，财务人员又以“企业ERP系统无法一次性导出所有未发货数据”为由，拒绝了检查人员的正当要求。几个回合下来，检查人员见正常询问无果，便转变思路，另辟蹊径。

破解案件，证据采集是关键。为进一步证实该企业通过长期不结转收入偷逃税款，检查人员决定兵分两路，内外夹击。一路人员“内查”，携带智能化稽查设备上门突击取证，通过“取证魔方”与企业财务办公计算机连接，将计算机的硬盘、软盘内容数据全部拷贝，其中就含有企业《购销合同》台账、“待发出产品”科目涉税明细。检查人员在梳理了企业“合同统计表”“销售出库汇总表”后，抽查了2015—2017年度部分发货单、发票、合同，结果证实，该企业应下游客户要求先开具发票后发出货物，但最迟两年内都可以顺利交货。另一路人员“外联”，选择到检查年度内交易量较大的下游某大型国企调查取证，在下游企业获取的入库单、询问笔录等证据也进一步证实了对方已经收货。

以上证据显示，在收入能够可靠计量、成本能够可靠核算且货物已发出的情况下，2016—2018年3年内未结转收入近1.1亿元。在铁证面前，企业承认了通过长期不及时结转收入偷逃税款的行为，多年来瞒天过海的偷税行为最终曝光。2019年12月25日，该案件已执行完毕，该市税务部门共追缴税款1 185.87万元，加收滞纳金568.78万元，并处罚款592.94万元。

增值税销售额与企业所得税销售额的比对是税务机关在稽查中最常见的检查内容，因此企业应当每年定期进行自我检查，不仅对增值税销售额与企业所得税销售额进行比对，同时也要对企业的各种纳税申报的数据进行类比自查，以发现税务风险，通过自我纠正而避免不必要的滞纳金和税务行政处罚。

3.8 纳税人将开发产品用于捐赠、赞助、职工福利、奖励、分配给股东或投资入股、拍卖、换取其他单位和个人的非货币资产等，未视同销售申报纳税

3.8.1 基本情况（见表3-8）

表 3-8　将开发产品用于其他用途未视同销售申报纳税时的纳税风险分析

序号	税种	风险环节	风险要素	具体税收风险描述	风险易发行业
8	企业所得税	申报缴税	计税依据	纳税人将开发产品用于捐赠、赞助、职工福利、奖励、分配给股东或投资入股、拍卖、换取其他单位和个人的非货币资产等，未视同销售申报纳税	所有行业

3.8.2 基本规定

《中华人民共和国企业所得税法实施条例》第二十五条规定：企业发生非货币性资产交换，以及将货物、财产、劳务用于捐赠、偿债、赞助、集资、广告、样品、职工福利或者利润分配等用途的，应视同销售货物、转让财产或者提供劳务，但国务院财政、税务主管部门另有规定的除外。

《国家税务总局关于印发〈房地产开发经营业务企业所得税处理办法〉的通知》（国税发〔2009〕31号）第七条规定：企业将开发产品用于捐赠、赞助、职工福利、奖励、对外投资、分配给股东或投资人、抵偿债务、换取其他企事业单位和个人的非货币性资产等行为，应视同销售，于开发产品所有权或使用权转移，或于实际取得利益权利时确认收入（或利润）的实现。确认收入（或利润）的方法和顺序为：（一）按本企业近期或本年度最近月份同类开发产品市场销售价格确定；（二）由主管税务机关参照当地同类开发产品市场公允价值确定；（三）按开发产品的成本利润率确定。开发产品的成本利润率不得低于15%，具体比例由主管税务机关确定。

【例3-11】

2021年某企业将自产的20台空调直接捐赠给农村贫困小学，该空调的单位生产成本5 000.00元，同期销售价格为6 500.00元/台。

步骤1：计算视同销售收入及成本。

企业将自产产品用于对外捐赠，会计不确认收入，但符合税收规定视同销售货物，应确认视同销售收入130 000.00元，纳税调整增加13 000.00元；同时确认视同销售成本100 000.00元，纳税调整减少100 000.00元。

步骤2：填“视同销售和房地产开发企业特定业务纳税调整明细表”（A105010）相应的栏次。

（1）第7行第1列“税收金额”填报税收确认销售收入金额130 000.00元，第2列“纳税调整金额”等于第1列“税收金额”130 000.00元；

（2）第17行第1列“税收金额”填报予以税前扣除的视同销售成本金额100 000.00元，将第1列税收金额以负数形式填报第2列“纳税调整金额”，即第2列“纳税调整金额”填报−100 000.00元。

步骤3：填“捐赠支出及纳税调整明细表”（A105070）相应的栏次。

由于该企业未通过公益性社会组织或者县级（含县级）以上人民政府及其组成部门和直属机构进行公益性捐赠，应纳税调整增加100 000.00元；

A105070第1行第1列“账载金额”填报130 000.00元，第5列“纳税调增金额”填报100 000.00元；第9行第1列“账载金额”填报100 000.00元，第5列“纳税调增金额”填报100 000.00元；

步骤4：填“纳税调整项目明细表”（A105000）相应的栏次。

根据“视同销售和房地产开发企业特定业务纳税调整明细表”（A105010）填报：

（1）第2行第2列“税收金额”为表A105010第1行第1列金额130 000.00元，第3列“调增金额”为表A105010第1行第2列金额130 000.00元；

（2）第13行第2列“税收金额”为表A105010第11行第1列金额100 000.00元，第4列“调减金额”为表A105010第11行第2列金额的绝对值100 000.00元。

根据“捐赠支出及纳税调整明细表”（A105070）填报：

（3）第17行第1列“账载金额”为表A105070第8行第1列金额100 000.00元，第2列“税收金额”为表A105070第8行第4列金额

100 000.00元，第3列“调增金额”为表A105070第8行第5列金额100 000.00元。

在实务中应重点核查：相关合同及结算单，核查生产成本、管理费用、销售费用等科目，核实有无视同销售行为，确认是否有视同销售未申报收入等情况。

检查科目：库存商品、其他业务成本、营业外支出、管理费用、销售费用、应付福利费、应付股利等。

3.9 罚没支出、赞助支出等不应税前扣除而进行了扣除

3.9.1 基本情况（见表3–9）

表3–9 出现不应税前扣除而进行了扣除的支出时的纳税风险分析

序号	税种	风险环节	风险要素	具体税收风险描述	风险易发行业
9	企业所得税	申报缴税	计税依据	罚没支出、赞助支出等不应税前扣除而进行了扣除	所有行业

3.9.2 基本规定

《中华人民共和国企业所得税法》第十条规定：在计算应纳税所得额时，下列支出不得扣除：（一）向投资者支付的股息、红利等权益性投资收益款项；（二）企业所得税税款；（三）税收滞纳金；（四）罚金、罚款和被没收财物的损失；（五）本法第九条规定以外的捐赠支出；（六）赞助支出；（七）未经核定的准备金支出；（八）与取得收入无关的其他支出。

【例3–12】

企业在经营过程中需要经常运送物资，而运送物资就不免要使用周边地区的乡镇道路，尤其是一些身处偏僻乡村的企业，对外运送物资的道路往往都比较劣质，给企业的生产经营带来了不便。于是一些企业就与当地有关部门协商并达成共识，企业采取赞助的形式帮助当地有关部门修建道路，将来修建道路完成后可以共同使用修建的道路，这种通过赞助方式修建道路的现象在现实中相当

普遍。

企业采取赞助的形式帮助当地有关部门修建道路，虽然达到了共同使用、互利双赢的目的，但是企业采取赞助的形式支付修建道路的资金，对企业将来申报缴纳企业所得税却极为不利。根据《中华人民共和国企业所得税法》第十条第六款，“在计算应纳税所得额时，下列支出不得扣除：（六）赞助支出之规定。”企业赞助支出的费用将不能在企业所得税税前扣除，这必然无法降低企业的税收负担。

企业之所以不能在税前扣除这些修建道路的支出，是因为这部分资金支出并没有形成企业的资产，尽管企业也可以使用修建的道路，这似乎与企业的经营也是有一定的关系，但是从税法的角度看，道路的所有权并不属于该企业，这些赞助支出仍然属于与生产经营无关的支出，因此不允许在企业所得税税前扣除这些修建道路的支出。

在实务中重点核查：营业外支出、销售费用、管理费用、销售费用等科目，看已计入损益的八类项目是否进行纳税调整，重点核实各种准备金、赞助支出、与取得收入无关的其他支出。

检查科目：营业外支出、销售费用、管理费用、销售费用等。

3.10　捐赠支出不满足税法规定的公益性捐赠支出条件，或者超过年度利润总额12%的部分（除国务院财政、税务主管部门另有规定外）未做纳税调增

3.10.1　基本情况（见表3-10）

表 3-10　　捐赠支出未做纳税调增时的纳税风险分析

序号	税种	风险环节	风险要素	具体税收风险描述	风险易发行业
10	企业所得税	申报缴税	计税依据	捐赠支出不满足税法规定的公益性捐赠支出条件，或者超过年度利润总额12%的部分（除国务院财政、税务主管部门另有规定外）未做纳税调增	所有行业

3.10.2 基本规定

《中华人民共和国企业所得税法》第五十一条规定：公益性捐赠，是指企业通过公益性社会团体或者县级（含县级）以上人民政府及其部门，用于《中华人民共和国公益事业捐赠法》规定的公益事业的捐赠。

《中华人民共和国企业所得税法》第九条规定：企业发生的公益性捐赠支出，不超过年度利润总额12%的部分，准予扣除。超过年度利润总额12%的部分，准予以后三年内在计算应纳税所得额时结转扣除。年度利润总额，是指企业依照国家统一会计制度的规定计算的年度会计利润。

根据《关于公益性捐赠支出企业所得税税前结转扣除有关政策的通知（财税〔2018〕15号）》，公益性捐赠支出企业所得税税前结转扣除有关政策通知如下：企业发生的公益性捐赠支出未在当年税前扣除的部分，自2017年1月1日起准予向以后年度结转扣除，但结转年限自捐赠发生年度的次年起计算最长不得超过三年。企业在对公益性捐赠支出计算扣除时，应先扣除以前年度结转的捐赠支出，再扣除当年发生的捐赠支出。用于公益事业的捐赠支出，是指《中华人民共和国公益事业捐赠法》规定的向公益事业的捐赠支出，具体范围包括：①救助灾害、救济贫困、扶助残疾人等困难的社会群体和个人的活动。②教育、科学、文化、卫生、体育事业。③环境保护、社会公共设施建设。④促进社会发展和进步的其他社会公共和福利事业。企事业单位、社会团体以及其他组织捐赠住房作为廉租住房的视同公益性捐赠按上述规定执行。

《财政部 税务总局关于通过公益性群众团体的公益性捐赠税前扣除有关事项的公告》（财政部 税务总局公告2021年第20号）规定：对存在以下情形之一的公益性群众团体，应取消其公益性捐赠税前扣除资格：①前3年接受捐赠的总收入中用于公益事业的支出比例低于70%的。②在申请公益性捐赠税前扣除资格时有弄虚作假行为的。③存在逃避缴纳税款行为或为他人逃避缴纳税款提供便利的。④存在违反该组织章程的活动，或者接受的捐赠款项用于组织章程规定用途之外的支出等情况的。⑤受到行政处罚的。被取消公益性捐赠税前扣除资格的公益性群众团体，3年内不得重新申请公益性捐赠税前扣除资格。

《财政部 税务总局 国务院扶贫办关于企业扶贫捐赠所得税税前扣除政策的公告》（财政部 税务总局 国务院扶贫办公告2019年第49号）中，第一条规定：自2019年1月1日至2022年12月31日，企业通过公益性社会组织或者县级（含县级）以上人民政府及其组成部门和直属机构，用于目标脱贫地区的扶贫捐赠支出，准予在计算企业所得税应纳税所得额时据实扣除。在政策执行期限内，目标脱贫地区实现脱贫的，可继续适用上述政策。

“目标脱贫地区”包括832个国家扶贫开发工作重点县、集中连片特困地区县（新疆阿克苏地区6县1市享受片区政策）和建档立卡贫困村。

第二条规定：企业同时发生扶贫捐赠支出和其他公益性捐赠支出，在计算公益性捐赠支出年度扣除限额时，符合上述条件的扶贫捐赠支出不计算在内。

【例3-13】

某市国税局稽查局对某建筑公司2009年度企业所得税检查时，发现该公司在2007年9月将本公司新建造的一个养老院捐赠给了市民政局。该养老院的建造成本是506万元，评估价是610万元。该公司当年实际利润3 100万元。企业在捐赠时直接将506万元的建造成本记入“营业外支出”在税前扣除了。稽查局认为这样做不对。

首先，《中华人民共和国企业所得税法实施条例》第五十一条规定，企业通过公益性社会团体或者县级以上人民政府及其部门，用于《公益事业捐赠法》规定的公益事业的捐赠属于公益性捐赠。同时，《中华人民共和国企业所得税法》第九条规定，企业发生的公益性捐赠支出，在年度利润总额12%以内的部分，准予在计算应纳税所得额时扣除。该公司当年可以捐赠的金额是3 100×12%=372万元。

其次，根据《中华人民共和国企业所得税法实施条例》第二十五条规定，企业发生非货币性资产交换，以及将货物、财产、劳务用于捐赠等用途的，应当视同销售货物、转让财产或者提供劳务。因此，该建筑公司捐赠给民政局的养老院应“视同销售”。

之前，地税部门对该公司的捐赠行为已视同销售征收了营业税、城建税等各项税款，此次国税局稽查局认为该建筑公司还要将捐赠给民政局的养老院按照评估价（即公允价值）确认视同销售收入额，核增应纳税所得额104万元（610-506）。同时，对于记入“营业外支出”的506万元的建造成本，也只能按照372万元在缴纳企业所得税前进行扣除，还应再核增应纳税所得额506-372=134万元。

在实务中重点核查：核实捐赠支出，看是否符合规定，计算公益性捐赠扣除限额，看是否超额列支。

检查科目：管理费用——其他、营业外支出等。

3.11 当年发生符合条件的广告费和业务宣传费支出，超过当年销售（营业）收入15%（除国务院财政、税务主管部门另有规定外），超过部分未调增当年应纳税所得额

3.11.1 基本情况（见表3-11）

表3-11 广告费和业务宣传费支出未调增当年应纳税所得额的纳税风险分析

序号	税种	风险环节	风险要素	具体税收风险描述	风险易发行业
11	企业所得税	申报缴税	计税依据	当年发生符合条件的广告费和业务宣传费支出，超过当年销售（营业）收入15%（除国务院财政、税务主管部门另有规定外），超过部分未调增当年应纳税所得额	所有行业

3.11.2 基本规定

《中华人民共和国企业所得税法实施条例》第四十四条规定：企业发生的符合条件的广告费和业务宣传费支出，除国务院财政、税务主管部门另有规定外，不超过当年销售（营业）收入15%的部分，准予扣除；超过部分，准予结转以后纳税年度扣除。

根据《财政部 税务总局关于广告费和业务宣传费支出税前扣除有关事项的公告》（财税〔2020〕43号）及其实施条例规定：对化妆品制造或销售、医药制造和饮料制造（不含酒类制造）企业发生的广告费和业务宣传费支出，不超过当年销售（营业）收入30%的部分，准予扣除；超过部分，准予在以后纳税年度结转扣除。第二条规定：对签订广告费和业务宣传费分摊协议（以下简称分摊协议）的关联企业，其中一方发生的不超过当年销售（营业）收入税前扣除限额比例内的广告费和业务宣传费支出可以在本企业扣除，也可以将其中的部分或全部按照分摊协议归集至另一方扣除。另一方在计算本企业广告费和业务宣传费支出企业所得税税前扣除限额时，可将按照上述办法归集至本企业的广告费和业务宣传费不计算在内。第三条规定：烟草企业的烟草广告费和业务宣传费支出，一律不得在计算应纳税所得额时扣除。

【例3–14】

某企业为居民企业，2019年发生销售费用770万元（其中广告费650万元）；管理费用480万元（其中业务招待费25万元）；财务费用60万元。

该企业的广告费和业务宣传费应调增应纳税所得额=650−4 000×15%=650−600=50（万元）

在实务中重点核查以下方面：

（1）发生的广告费和业务宣传费不符合税法规定的条件（即广告是通过经工商部门批准的专门机构制作的；已实际支付费用，并已取得相应发票；通过一定的媒体传播），未进行纳税调整。

（2）未准确归集发生的广告费和业务宣传费，将广告费和业务宣传费记入其他费用科目或将非广告费和业务宣传费误记入广告费和业务宣传费科目，未相应调整应纳税所得额。

（3）当年发生符合条件的广告费和业务宣传费支出，超过当年销售（营业）收入15%（除国务院财政、税务主管部门另有规定外），超过部分未调增当年应纳税所得额。

注：对化妆品制造或销售、医药制造和饮料制造（不含酒类制造）企业发生的广告费和业务宣传费支出，不超过当年销售（营业）收入30%的部分，准予扣除；超过部分，准予在以后纳税年度结转扣除。

签订广告费和业务宣传费分摊协议的关联企业，可按规定分摊扣除，对于按照规定归集至本企业的广告费和业务宣传费不计算在税前扣除限额内。

在实务中重点核查细节：销售费用明细科目，看广告支出是否符合税法规定的条件；核查企业广告宣传方式和支付方式有哪些，支付的费用通过哪些明细科目核算，是否正确归集；核查归集后的符合条件的广告和业务宣传费总额是否不超过当年销售（营业）收入15%的部分申报扣除。

检查科目：销售费用、管理费用等。

3.12 发生的与生产经营活动有关的业务招待费支出没有按照税前扣除标准（不超过发生额的60%且不超过当年销售营业收入的5‰）进行申报，超过部分未调增应纳税所得额

3.12.1 基本情况（见表3–12）

表 3–12 业务招待费支出未按标准申报并调增时的纳税风险分析

序号	税种	风险环节	风险要素	具体税收风险描述	风险易发行业
12	企业所得税	申报缴税	计税依据	发生的与生产经营活动有关的业务招待费支出没有按照税前扣除标准（不超过发生额的60%且不超过当年销售营业收入的5‰）进行申报，超过部分未调增应纳税所得额	所有行业

3.12.2 基本规定

《中华人民共和国企业所得税法实施条例》第四十三条规定：企业发生的与生产经营活动有关的业务招待费支出，按照发生额的60%扣除，但最高不得超过当年销售（营业）收入的5‰。

《国家税务总局关于贯彻落实企业所得税法若干税收问题的通知》（国税函〔2010〕79号）规定：对从事股权投资业务的企业（包括集团公司总部、创业投资企业等），其从被投资企业所分配的股息、红利以及股权转让收入，可以按规定的比例计算业务招待费扣除限额。

《国家税务总局关于企业所得税应纳税所得额若干税务处理问题的公告》（国家税务总局2012年第15号）第五条规定：企业在筹建期间，发生的与筹办活动有关的业务招待费支出，可按实际发生额的60%计入企业筹办费，并按有关规定在税前扣除。

【例3–15】

某企业为居民企业，2019年发生经营业务管理费用480万元（其中业务招待费25万元）。

业务招待费调增所得额=25–25×60%=25–15=10（万元）

而非4 000×5‰=20万元>25×60%=15万元

在实务中应重点核查：成本科目中发生的业务招待性质费用，

结合管理费用——其他、销售费用——其他等科目的明细科目，归集计算业务招待费实际发生额，看申报额是否正确以及是否超限额列支。

检查科目：成本科目及管理费用、销售费用等。

3.13　关联企业成本、投资者或职工生活的个人支出、离退休福利、对外担保费用等与生产经营无关的成本费用，以及各类代缴代付款项（代扣代缴个人所得税、委托加工代垫运费等）在税前扣除，未进行纳税调整

3.13.1　基本情况（见表3-13）

表 3-13　税前扣除的与生产经营无关的成本费用、各类代缴代付款项未进行纳税调整时的纳税风险分析

序号	税种	风险环节	风险要素	具体税收风险描述	风险易发行业
13	企业所得税	申报缴税	计税依据	关联企业成本、投资者或职工生活的个人支出、离退休福利、对外担保费用等与生产经营无关的成本费用，以及各类代缴代付款项（代扣代缴个人所得税、委托加工代垫运费等）在税前扣除，未进行纳税调整	所有行业

3.13.2　基本规定

《中华人民共和国企业所得税法》第八条规定：企业实际发生的与取得收入有关的、合理的支出，包括成本、费用、税金、损失和其他支出，准予在计算应纳税所得额时扣除。

《国家税务总局关于工资薪金及职工福利费扣除问题的通知》（国税函〔2009〕3号）规定：一、关于合理工资薪金问题。《实施条例》第三十四条所称的“合理工资薪金”，是指企业按照股东大会、董事会、薪酬委员会或相关管理机构制订的工资薪金制度规定实际发放给员工的工资薪金。税务机关在对工资薪金进行合理性确认时，可按以下原则掌握：

（一）企业制订了较为规范的员工工资薪金制度；

（二）企业所制订的工资薪金制度符合行业及地区水平；

（三）企业在一定时期所发放的工资薪金是相对固定的，工资薪金的调整是有序进行的；

（四）企业对实际发放的工资薪金，已依法履行了代扣代缴个人所得税义务；

（五）有关工资薪金的安排，不以减少或逃避税款为目的。

二、关于工资薪金总额问题。《实施条例》第四十、四十一、四十二条所称的“工资薪金总额”，是指企业按照本通知第一条规定实际发放的工资薪金总和，不包括企业的职工福利费、职工教育经费、工会经费以及养老保险费、医疗保险费、失业保险费、工伤保险费、生育保险费等社会保险费和住房公积金。属于国有性质的企业，其工资薪金，不得超过政府有关部门给予的限定数额；超过部分，不得计入企业工资薪金总额，也不得在计算企业应纳税所得额时扣除。

三、关于职工福利费扣除问题。《实施条例》第四十条规定的企业职工福利费，包括以下内容：

（一）尚未实行分离办社会职能的企业，其内设福利部门所发生的设备、设施和人员费用，包括职工食堂、职工浴室、理发室、医务所、托儿所、疗养院等集体福利部门的设备、设施及维修保养费用和福利部门工作人员的工资薪金、社会保险费、住房公积金、劳务费等。

（二）为职工卫生保健、生活、住房、交通等所发放的各项补贴和非货币性福利，包括企业向职工发放的因公外地就医费用、未实行医疗统筹企业职工医疗费用、职工供养直系亲属医疗补贴、供暖费补贴、职工防暑降温费、职工困难补贴、救济费、职工食堂经费补贴、职工交通补贴等。

（三）按照其他规定发生的其他职工福利费，包括丧葬补助费、抚恤费、安家费、探亲假路费等。

【例3-16】

一、案例背景

某集团分公司是一家成立比较早的老中央企业，如今，公司的离退休人员逐年增多。虽然公司已将这些人员交由社会统筹管理，但由于先前的统筹支付标准过低，很多离退休人员纷纷找公司反映要求给予补助。为此，总公司专门下发文件，要求下属各分公司给予相应补助。2007—2009年3年间，该分公司共支付离退休人员补贴300多万元，并以离退休补助的名义在成本中进行了列支。

2011年4月，上述企业的主管税务机关在对其进行纳税评估时，认为企业离退休人员统筹外补助不能进行税前扣除，应进行纳税调整。但在讨论如何调整时，评估人员与财会人员产生了分歧。一种观点认为，应按《中华人民共和国企业所得税法实施条例》第三十四条、《国家税务总局关于企业工资、薪金及职工福利费扣除问题的通知》（国税函〔2009〕3号，下称3号文件）的规定，对这300多万元的补助全额进行调整。另一种观点认为，2007年补贴额应全额进行调整，2008年至2010年的补贴则应按《中华人民共和国企业所得税法实施条例》第四十条、3号文件、《财政部关于企业加强职工福利费财务管理的通知》（财企〔2009〕242号，下称242号文件）的规定，按不超过职工工资、薪金总额14%的限额进行税前扣除。

二、离退休人员统筹外补助企业所得税税前扣除法理分析

第一种观点的法律依据，一是根据《关于2009年度税收自查有关政策问题的函》（企便函〔2009〕33号）的规定，其明确规定离退休人员补助不得税前扣除；二是3号文件中对职工福利费的范围列举当中没有离退休人员统筹补助这一项，其不属于职工福利费开支项目，故应全额调整。

新《中华人民共和国企业所得税法》实施后，《企业所得税税前扣除办法》（国税发〔2000〕84号）已全文失效，税收政策上对离退休人员统筹补助也就没有了硬性规定。虽然《关于2009年度税收自查有关政策问题的函》（企便函〔2009〕33号）明确离退休人员补贴不能扣除，但这个答复所依据的国税发〔2000〕84号文件已经废止，其自然失去了效力。

需要注意的是，《中华人民共和国企业所得税法实施条例》第三十四条只是对工资薪金支出的扣除进行了限制，但离退休人员统筹补助能否以福利费扣除并没有禁止。2009年1月4日发布的3号文件，以列举的方式对职工福利费的扣除范围进行了明确规定，并特别指出，“按照其他规定发生的其他职工福利费，包括丧葬补助费、抚恤费、安家费、探亲假路费等”也属于职工福利费。该文虽然列举范畴

中没有离退休人员统筹外费用，但这种列举并不是全列举法，其没有排除离退休人员统筹外费用成为职工福利费用核算内容的可能。

同年11月12日，财政部又发布了242号文件，该文件在列举福利费的内容时明确规定，离退休人员统筹外费用，包括离休人员的医疗费及离退休人员其他统筹外费用都属于福利费。实际上，该文件是对3号文件的补充。值得一提的是，虽然242号文件是针对财务、会计核算的规范性文件，但它符合《中华人民共和国企业所得法》第二十条“本章规定的收入、扣除的具体范围、标准和资产的税务处理的具体办法，由国务院财政、税务主管部门规定”这一条款，且并不与税收法律、法规相冲突。

因此，综合3号文件和242号文件的精神和具体规定，在《中华人民共和国企业所得税法》没有明确禁止，财会规定有明确范围的前提下，企业按照财政部门规定核算的离退休人员统筹外费用应当属于职工福利费，符合《中华人民共和国企业所得税法实施条例》第四十条和3号文件规定的扣除范围。因此，离退休人员统筹外补助显然是职工福利费用，所以就应当按照职工福利费14%的限额扣除。

在实务中重点核查：“生产成本”“管理费用——通信费、交通费、担保费、福利费”等相关成本费用账户，核实是否存在与生产经营无关并在税前列支的各项支出。

检查科目：生产成本等成本费用科目。

第 4 章 个人所得税纳税风险点案例分析

4.1 发放非任职于本公司的独立董事报酬，未按“劳务报酬”所得规定计算缴纳个人所得税

4.1.1 基本情况（见表4-1）

表 4-1 非任职于本公司的独立董事报酬未按规定计算缴纳个人所得税时的纳税风险分析

序号	税种	风险环节	风险要素	具体税收风险描述	风险易发行业
1	个人所得税	劳务报酬所得	征税对象	发放非任职于本公司的独立董事报酬，未按“劳务报酬”所得规定计算缴纳个人所得税	所有行业

4.1.2 基本规定

《国家税务总局关于明确个人所得税若干政策执行问题的通知》（国税发〔2009〕121号）规定，个人在公司（包括关联公司）任职、受雇，同时兼任董事、监事的，应将董事费、监事费与个人工资收入合并，统一按“工资、薪金所得”项目缴纳个人所得税；个人担任公司董事、监事，且不在公司任职、受雇的，按照“劳务报酬所得”项目缴纳个人所得税。

【例4-1】

2020年12月10日，北京××有限公司根据合同约定2020年应付未在该公司任职（任职单位与上海吉祥公司无关联关系）、受雇的董事王某2020年度董事费108万元，并实际支付王某2020年度董事费108万元，该公司有什么税务风险?

解答：根据税法规定，王某为未在北京××有限公司任职、受雇的董事，其取得的2020年度董事费，应由公司按照劳务报酬所得项目代扣代缴个人所得税，并依法申报缴纳增值税，持劳务合同到税务机关代开增值税发票。若王某在其所在单位的关联方任董事，取得的董事费，则不需要开具发票。

4.2 自然人投资方股权变更交易发生增值的，到市场监督管理局进行投资方变更前未进行个人所得税的申报缴纳

4.2.1 基本情况（见表4-2）

表4-2　投资方变更前未进行个人所得税的申报缴纳的纳税风险分析

序号	税种	风险环节	风险要素	具体税收风险描述	风险易发行业
2	个人所得税	财产转让所得	计税依据	自然人投资方股权变更交易发生增值的，到市场监督管理局进行投资方变更前未进行个人所得税的申报缴纳	所有行业

4.2.2 基本规定

《中华人民共和国个人所得税法实施条例》第八条规定，个人财产转让所得，是指个人转让有价证券、股权、建筑物、土地使用权、机器设备、车船以及其他财产取得的所得。第十条规定，个人所得的形式，包括现金、实物、有价证券和其他形式的经济利益。所得为实物的，应当按照取得的凭证上所注明的价格计算应纳税所得额；无凭证的实物或者凭证上所注明的价格明显偏低的，参照市场价格核定应纳税所得额。所得为有价证券的，根据票面价格和市场价格核定应纳税所得额。所得为其他形式的经济利益的，参照市场价格核定应纳税所得额。

《股权转让所得个人所得税管理办法（试行）》第二十条规定，具有下列情

形之一的，扣缴义务人、纳税人应当依法在次月15日内向主管税务机关申报纳税：（一）受让方已支付或部分支付股权转让价款的；（二）股权转让协议已签订生效的；（三）受让方已经实际履行股东职责或者享受股东权益的；（四）国家有关部门判决、登记或公告生效的；（五）该办法第三条第四至第七项行为已完成的；（六）税务机关认定的其他有证据表明股权已发生转移的情形。

《国家税务总局关于加强税种征管促进堵漏增收的若干意见》（国税发〔2009〕85号）中要求加强股权转让所得个人所得税征管和自行纳税申报的后续管理工作：各地要主动加强与工商部门的协作，获取个人股权转让信息；进一步规范股权转让所得个人所得税征管流程，健全内部管理机制；对形式上采取平价、低价转让且没有正当理由的，可对其计税依据进行核定。

【例4-2】

甲乙均为自然人，现有股权变更行为，甲持有上海××有限公司的股权，转让给乙，股权原值200万元，转让价格280万元，不考虑其他情况：

1.股权转让合同履行完毕、股权已作变更登记，扣缴义务人、纳税人应当依法在次月15日内向主管税务机关申报纳税。

甲应纳个人所得税税额=（280-200）×20%=16（万元）

2.后甲因为某些原因，当事人双方签订并执行解除原股权转让合同、退回股权的协议，同时赔付乙违约金30万元，则属于“另一次股权转让行为”，转让价格为：280+30=310万元，股权原值280万元，扣缴义务人、纳税人应当依法在次月15日内向主管税务机关申报纳税。

则乙个人应纳个人所得税税额=（310-280）×20%=6（万元）

4.3　专项附加应享受未享受，或不应享受而进行了享受，或填写扣除信息不真实

4.3.1　基本情况（见表4-3）

表 4-3　　专项附加享受不当时的纳税风险分析

序号	税种	风险环节	风险要素	具体税收风险描述	风险易发行业
3	个人所得税	工资薪金所得	扣除费用	专项附加应享受未享受，或不应享受而进行了享受，或填写扣除信息不真实	所有行业

4.3.2 基本规定

《国务院关于印发个人所得税专项附加扣除暂行办法的通知》(国发〔2018〕41号)对个人所得税专项附加扣除进行了明确，主要是对个人所得税法规定的子女教育、继续教育、大病医疗、住房贷款利息、住房租金、赡养老人、3岁以下婴幼儿照护7项专项附加扣除进行了详细的规定。

1.子女教育：纳税人的子女接受全日制学历教育的相关支出，按照每个子女每月1 000元的标准定额扣除。学历教育包括义务教育(小学、初中教育)、高中阶段教育(普通高中、中等职业、技工教育)、高等教育(大学专科、大学本科、硕士研究生、博士研究生教育)。年满3岁至小学入学前处于学前教育阶段的子女，按本条第一款规定执行。父母可以选择由其中一方按扣除标准的100%扣除，也可以选择由双方分别按扣除标准的50%扣除，具体扣除方式在一个纳税年度内不能变更。纳税人子女在中国境外接受教育的，纳税人应当留存境外学校录取通知书、留学签证等相关教育的证明资料备查。

2.继续教育：纳税人在中国境内接受学历(学位)继续教育的支出，在学历(学位)教育期间按照每月400元定额扣除。同一学历(学位)继续教育的扣除期限不能超过48个月。纳税人接受技能人员职业资格继续教育、专业技术人员职业资格继续教育的支出，在取得相关证书的当年，按照3 600元定额扣除。个人接受本科及以下学历(学位)继续教育，符合该办法规定扣除条件的，可以选择由其父母扣除，也可以选择由本人扣除。纳税人接受技能人员职业资格继续教育、专业技术人员职业资格继续教育的，应当留存相关证书等资料备查。

3.大病医疗：在一个纳税年度内，纳税人发生的与基本医保相关的医药费用支出，扣除医保报销后个人负担(指医保目录范围内的自付部分)累计超过15 000元的部分，由纳税人在办理年度汇算清缴时，在80 000元限额内据实扣除。纳税人发生的医药费用支出可以选择由本人或者其配偶扣除；未成年子女发生的医药费用支出可以选择由其父母一方扣除。纳税人及其配偶、未成年子女发生的医药费用支出，按该办法第十一条规定分别计算扣除额。纳税人应当留存医药服务收费及医保报销相关票据原件(或者复印件)等资料备查。医疗保障部门应当向患者提供在医疗保障信息系统记录的本人年度医药费用信息查询服务。

4.住房贷款利息：纳税人本人或者配偶单独或者共同使用商业银行或者住房公积金个人住房贷款为本人或者其配偶购买中国境内住房，发生的首套住房贷款利息支出，在实际发生贷款利息的年度，按照每月1 000元的标准定额扣除，扣除期限最长不超过240个月。纳税人只能享受一次首套住房贷款的利息扣除。该办法所称首套住房贷款是指购买住房享受首套住房贷款利率的住房贷款。经夫妻双方约定，可以选择由其中一方扣除，具体扣除方式在一个纳税年度内不能变更。夫妻双方婚前分别购买住房发生的首套住房贷款，其贷款利息支出，婚后可以选择其中一套购买的住房，由购买方按扣除标准的100%扣除，也可以由夫妻双方对各自购买的住房分别按扣除标准的50%扣除，具体扣除方式在一个纳税年度内不能变更。纳税人应当留存住房贷款合同、贷款还款支出凭证备查。

5.住房租金：纳税人在主要工作城市没有自有住房而发生的住房租金支出，可以按照以下标准定额扣除：直辖市、省会（首府）城市、计划单列市以及国务院确定的其他城市，扣除标准为每月1 500元；除第一项所列城市以外，市辖区户籍人口超过100万的城市，扣除标准为每月1 100元；市辖区户籍人口不超过100万的城市，扣除标准为每月800元。纳税人的配偶在纳税人的主要工作城市有自有住房的，视同纳税人在主要工作城市有自有住房。

市辖区户籍人口，以国家统计局公布的数据为准。本办法所称主要工作城市是指纳税人任职受雇的直辖市、计划单列市、副省级城市、地级市（地区、州、盟）全部行政区域范围；纳税人无任职受雇单位的，为受理其综合所得汇算清缴的税务机关所在城市。夫妻双方主要工作城市相同的，只能由一方扣除住房租金支出。住房租金支出由签订租赁住房合同的承租人扣除。纳税人及其配偶在一个纳税年度内不能同时分别享受住房贷款利息和住房租金专项附加扣除。纳税人应当留存住房租赁合同、协议等有关资料备查。

6.赡养老人：纳税人赡养一位及以上被赡养人的赡养支出，统一按照以下标准定额扣除：纳税人为独生子女的，按照每月2 000元的标准定额扣除；纳税人为非独生子女的，由其与兄弟姐妹分摊每月2 000元的扣除额度，每人分摊的额度不能超过每月1 000元。可以由赡养人均摊或者约定分摊，也可以由被赡养人指定分摊。约定或者指定分摊的须签订书面分摊协议，指定分摊优先于约定分摊。具体分摊方式和额度在一个纳税年度内不能变更。该办法所称被赡养人是指年满60岁的父母，以及子女均已去世的年满60岁的祖父母、外祖父母。

7.纳税人照护3岁以下婴幼儿子女的相关支出，按照每个婴幼儿每月1 000元的标准定额扣除。

父母可以选择由其中一方按扣除标准的100%扣除，也可以选择由双方分别按扣除标准的50%扣除，具体扣除方式在一个纳税年度内不能变更。

3岁以下婴幼儿照护个人所得税专项附加扣除涉及的保障措施和其他事项，参照《个人所得税专项附加扣除暂行办法》有关规定执行。

《税务总局关于发布〈个人所得税专项附加扣除操作办法（试行）〉的公告》（国家税务总局公告2018年第60号）规范了个人所得税专项附加扣除行为，对时间、报送信息及留存备查资料、信息报送方式、后续管理进行了明确。第二十九条规定，纳税人有下列情形之一的，主管税务机关应当责令其改正；情形严重的，应当纳入有关信用信息系统，并按照国家有关规定实施联合惩戒；涉及违反税收征管法等法律法规的，税务机关依法进行处理：（一）报送虚假专项附加扣除信息；（二）重复享受专项附加扣除；（三）超范围或标准享受专项附加扣除；（四）拒不提供留存备查资料；（五）税务总局规定的其他情形。纳税人在任职、受雇单位报送虚假扣除信息的，税务机关责令改正的同时，通知扣缴义务人。

【例4-3】

2019年1月8日，北京××有限公司向王先生支付已扣除“三险一金”后的实发工资11 000元，王先生在该月除由任职单位扣缴“三险一金”外，还通过单位缴付企业年金200元，自行支付税优商业健康保险费300元。王先生已于2018年8月支付了儿子学前教育的2018年下学期学费6 000元，女儿正在上小学，现已与妻子约定由王先生按子女教育专项附加扣除标准的100%扣除；王先生本人正在进行MBA学习；王先生去年使用商业银行个人住房贷款购买了首套住房，现处于偿还贷款期间，每月需支付贷款利息1 600元，现已与妻子约定由王先生这一方进行住房贷款利息专项附加扣除；因王先生工作单位离所购住房很远，还以每月租金1 000元在本市的工作单位附近租住了一套房屋；王先生的父母均已退休（已满60岁，均有退休金）在家，王先生与兄妹签订书面分摊协议，约定由王先生分摊赡养老人专项附加扣除800元。

王先生计算2019年1月个人所得税时可扣除：

1.基本扣除费用5 000元；

2.专项附加扣除4 200元：

（1）子女教育专项附加扣除2 000元（女儿和儿子各1 000元）；

（2）继续教育专项附加扣除400元；

（3）住房贷款利息专项附加扣除1 000元；

（4）赡养老人专项附加扣除800元。

3.依法确定的其他扣除600元（企业年金400元，支付税优商业健康保险费200元）。

4.专项扣除“三险一金”在单位支付工资时已扣缴，徐先生取得的11 000元为实发工资。

因此，王先生2019年1月应纳税所得额=11 000−5 000−4 200−600=1 200元，王先生2019年1月应缴个人所得税=1 200×3%=36元。

4.4　发放非任职于本公司的独立董事报酬，未按“劳务报酬”所得规定计算缴纳个人所得税

4.4.1　基本情况（见表4-4）

表4-4　未按规定代扣代缴个人所得税时的纳税风险分析

序号	税种	风险环节	风险要素	具体税收风险描述	风险易发行业
4	个人所得税	劳务报酬、稿酬、特许权使用费	计税依据	支付劳务报酬、稿酬、特许权使用费未按规定代扣代缴个人所得税	所有行业

4.4.2　基本规定

《中华人民共和国个人所得税法》规定，下列各项个人所得，应当缴纳个人所得税：（一）工资、薪金所得；（二）劳务报酬所得；（三）稿酬所得；（四）特许权使用费所得；（五）经营所得；（六）利息、股息、红利所得；（七）财产租赁所得；（八）财产转让所得；（九）偶然所得。

国家税务总局于2018年12月先后发布了《国家税务总局关于全面实施新

个人所得税法若干征管衔接问题的公告》(国家税务总局公告2018年第56号)和《国家税务总局关于发布〈个人所得税扣缴申报管理办法(试行)〉的公告》(国家税务总局公告2018年第61号，以下简称“61号公告”)，确定了个人所得税预扣预缴的计算方法等，自2019年1月1日起施行。公告规定，扣缴义务人向居民个人支付劳务报酬所得、稿酬所得、特许权使用费所得，按次或者按月预扣预缴个人所得税。具体预扣预缴方法如下：

(一)收入额的确定：劳务报酬所得、稿酬所得、特许权使用费所得以收入减除费用后的余额为收入额。其中，稿酬所得的收入额减按70%计算(与修订前一样，继续保持对稿酬所得的优惠政策)。

(二)减除费用标准：劳务报酬所得、稿酬所得、特许权使用费所得每次收入不超过4 000元的，减除费用按800元计算；每次收入4 000元以上的，减除费用按20%计算。

(三)预扣率和预扣预缴税额计算公式：应纳税所得额为劳务报酬所得、稿酬所得、特许权使用费所得，以每次收入额为预扣预缴应纳税所得额。劳务报酬所得适用20%至40%的超额累进预扣率，稿酬所得、特许权使用费所得适用20%的比例预扣率。

劳务报酬所得应预扣预缴税额=预扣预缴应纳税所得额×预扣率-速算扣除数

稿酬所得、特许权使用费所得应预扣预缴税额=预扣预缴应纳税所得额×20%

(四)收入额“次”的确认：《个人所得税法实施条例》第十四条第(一)项规定，劳务报酬所得、稿酬所得、特许权使用费所得，属于一次性收入的，以取得该项收入为一次，属于同一项目连续性收入的，以一个月内取得的收入为一次。

《中华人民共和国个人所得税法》还规定，非居民个人取得工资、薪金所得，劳务报酬所得，稿酬所得和特许权使用费所得，有扣缴义务人的，由扣缴义务人按月或者按次代扣代缴税款，不办理汇算清缴。

【例4-4】

张某是一位网红作家，2020年11月取得如下稿酬(税前金额)：

1.张某是某门户网站小说专栏的签约作者，11月在该网站上连载三部小说分别取得读者付费分成收入：小说A分成45 000元，小说B

分成 20 000 元，小说 C 分成 8 000 元，合计 73 000 元；

2. 在本市晚报上自 2019 年 10 月起连载小说 A，每月稿酬 3 000 元；

3. 某出版社出版小说 A，出版协议约定在 2020 年 11 月支付第一笔稿酬 50 000 元。

请问上述各扣缴义务人应各自预扣张某多少个人所得税？

解析：张某在小说网站发表文学作品取得报酬，在税法修订后，应属于“稿酬所得”。

张某在同一家网站取得的读者付费分成收入，属于稿酬所得，虽然是分别来自于三个不同的作品，但是仍然属于 61 号公告规定的，属于“同一项目连续性收入的，以一个月内取得的收入为一次”。因此，网站在计算预扣税金时，不需要分别计算；但是，支付稿酬的三家单位属于不同的单位，需要各自分别计算并代扣代缴：

网站应扣税金 =73 000×（1–20%）×70%×20%=8 176（元）

报社应扣税金 =（3 000–800）×70%×20%=308（元）

出版社应扣税金 =50 000×（1–20%）×70%×20%=5 600（元）

4.5　全年一次性奖金单独计税办法在一个纳税年度内多次使用

4.5.1　基本情况（见表 4–5）

表 4–5　全年一次性奖金单独计税办法在一个纳税年度内多次使用时的纳税风险分析

序号	税种	风险环节	风险要素	具体税收风险描述	风险易发行业
5	个人所得税	全年一次性奖金	计税依据	全年一次性奖金单独计税办法在一个纳税年度内多次使用	所有行业

4.5.2　基本规定

《财政部 税务总局关于个人所得税法修改后有关优惠政策衔接问题的通知》（财税〔2018〕164 号）规定，居民个人取得全年一次性奖金，在 2021 年 12 月 31 日前，不并入当年综合所得，以全年一次性奖金收入除以 12 个月得到的数额，按照该通知所附按月换算后的综合所得税率表，确定适用税率和速算扣除数，单独计算纳税。计算公式为：

应纳税额=全年一次性奖金收入 × 适用税率－速算扣除数

居民个人取得全年一次性奖金，也可以选择并入当年综合所得计算纳税。

自2022年1月1日起，居民个人取得全年一次性奖金，应并入当年综合所得计算缴纳个人所得税。

《国家税务总局关于调整个人取得全年一次性奖金等计算征收个人所得税方法问题的通知》（国税发〔2005〕9号）规定，在一个纳税年度内，对每一个纳税人，全年一次性奖金单独计税办法只允许采用一次。

【例4-5】

北京××有限公司在2021年2月发放2020年度的全年一次性奖金，当时已经选择采用“全年一次性奖金计税办法”扣缴了该笔奖金的个人所得税（税款所属期为2021年2月，即发放奖金的当月）。为了在“全年一次性奖金计税办法”到期截止前再适用一次该项优惠政策，现在就抢在2021年11月提前把本应到2022年2月发放的2021年度的年终奖也发了。

根据相关政策规定，后一次所发放的奖金，按政策规定是不能再适用“全年一次性奖金计税办法”计算缴纳个人所得税的，公司员工这次取得的全年一次性奖金，应并入发放当年的综合所得计算缴纳个人所得税。

如在不同月份分别取得年终奖，可选择将其中某一个月份领取的年终奖作为全年一次性奖金计算缴纳个人所得税，另外一月在另一个单位领取的年终奖则应并入当月工资缴纳个人所得税。如果两处取得的全年一次性奖金在同一个月，可以合并，并选择按全年一次性奖金申报纳税。

4.6 个人多处取得的收入未合并缴纳个人所得税

4.6.1 基本情况（见表4-6）

表4-6 个人多处取得的收入未合并缴纳个人所得税时的纳税风险分析

序号	税种	风险环节	风险要素	具体税收风险描述	风险易发行业
6	个人所得税	工资薪金所得	计税依据	个人多处取得的收入未合并缴纳个人所得税	所有行业

4.6.2　基本规定

《中华人民共和国个人所得税法》第八条规定：个人所得税，以所得人为纳税义务人，以支付所得的单位或者个人为扣缴义务人。个人在两处以上取得工资、薪金所得，纳税义务人应当按照国家规定办理纳税申报。

《个人所得税法实施条例》第三十六条规定，从中国境内两处或者两处以上取得工资、薪金所得的，应当按照规定到主管税务机关办理纳税申报。第三十九条规定，纳税义务人兼有两项或者两项以上的工资薪金、个体工商户生产经营、对企事业单位承包经营、承租经营所得的，同项所得合并计算纳税，按项分别计算纳税。

《国家税务总局关于印发〈个人所得税自行纳税申报办法（试行）〉的通知》（国税发〔2006〕162号）第二条规定，从中国境内两处或者两处以上取得工资、薪金所得的，应当按照该办法的规定办理纳税申报。第十条规定，在中国境内有任职、受雇单位的，向任职、受雇单位所在地主管税务机关申报。因此，个人从境内多处取得的工资、薪金所得，应当按照规定选择并固定在任职、受雇的一地单位所在地主管税务机关自行办理纳税申报，汇算清缴其工资、薪金收入的个人所得税，多退少补。第十一条规定，从两处或者两处以上取得工资、薪金所得的，选择并固定向其中一处单位所在地主管税务机关申报。

【例4-6】

李某是一家综合性集团公司外派到当地子公司的总经理，每年工作取得的收入分成几部分：集团公司有一部分是基本薪水，现在工作的子公司有一部分主要是绩效工资和季度奖金，年底子公司根据业绩还有一笔年终奖，集团公司会根据子公司对集团利润的贡献程度和对其本人的综合考核，发放一笔年终奖。至于过年过节的一些过节费则主要是在子公司取得。

李某如果与集团公司签订了劳动合同，并被派遣去子公司任职，则他从这两处取得的收入都可以按照工资薪金缴纳个人所得税。假设集团公司每个月给李某发10 000元的基本工资（五险一金省略，下同），而子公司平均每个月给李某发35 000元的工资和奖金。到年底，李某从子公司取得15万元的年终奖，从集团取得25万元的年终考核奖金。下面计算一下李某一年要缴多少税，该怎么缴税。

集团公司每月工资扣税=（10 000−5 000）×10%−210=340（元）

子公司每月工资扣税=35 000×25%−2 660=6 090（元）

集团公司发放年终奖扣税=250 000 ÷ 12 × 20% × 12−1 410=45 890（元）

子公司发放年终奖扣税=150 000 ÷ 12 × 20% × 12−1 410=28 590（元）

因此，本年度，李某总收入为940 000元，总计已缴纳个人所得税151 640元。以上由集团公司和子公司财务部分别在发放的时候代扣代缴个人所得税。

按照现行税法，个人从两处以上取得所得，需要在每年1月1日至3月31日期间，去地方税务局做年度个人所得税自行申报。李某就需要自行选择并固定在集团公司或子公司所在地的地方税务机关，去做年度个人所得税自行申报工作。申报时，李某要带上两处支付单位提供的原始明细工资、薪金单和完税凭证原件等资料，去自行确定的地方税务局，重新计算一年的工资和年终奖到底该缴多少税，多退少补。下面重新计算一下，讨论李某是否应该补税。

每个月，从两处取得的工资应扣税=（10 000+35 000−5 000）× 30%−4 410=7 590（元）

年终，从两处取得的年终奖应扣税=（150 000+250 000）÷ 12 × 25% × 12−2 660=97 340（元）

则李某经过汇算，年度应缴纳个人所得税=7 590 × 12+97 340=188 420元。扣除已经缴纳的151 640元，李某还应补缴个人所得税36 780元。

4.7 企业解除劳动关系而支付给个人的一次性补偿金，超过当地上年职工平均工资3倍的部分未按工资、薪金所得代扣代缴个人所得税

4.7.1 基本情况（见表4-7）

表4-7 企业解除劳动关系而支付给个人的一次性补偿金，超出部分未按工资、薪金所得代扣代缴个人所得税时的纳税风险分析

序号	税种	风险环节	风险要素	具体税收风险描述	风险易发行业
7	个人所得税	工资薪金所得	计税依据	企业解除劳动关系而支付给个人的一次性补偿金，超过当地上年职工平均工资3倍的部分未按工资、薪金所得代扣代缴个人所得税	所有行业

4.7.2　基本规定

《财政部 税务总局关于个人所得税法修改后有关优惠政策衔接问题的通知》(财税〔2018〕164号)规定，个人与用人单位解除劳动关系取得一次性补偿收入(包括用人单位发放的经济补偿金、生活补助费和其他补助费)，在当地上年职工平均工资3倍数额以内的部分，免征个人所得税；超过3倍数额的部分，不并入当年综合所得，单独适用综合所得税率表，计算纳税。

【例4–7】

2021年10月，张某与单位解除劳动关系，工作年限10年，取得离职补偿金300 000元，当地上年职工平均工资为47 250元，在3倍数额以内的部分即47 250×3=141 750元，免征个人所得税，超过部分单独适用综合所得税率单独纳税。

应纳税所得额=300 000–47 250×3=158 250(元)

查找综合所得税率表可知，对应税率及年速算扣除数分别为20%、16 920元。

故应纳税额=158 250×20%–16 920=14 730(元)

4.8　发放给职工的各类补贴、奖金、实物、购物卡、礼品等，未折算价值作为工资薪金并按税法规定减除费用扣除标准后，按“工资、薪金所得”应税项目扣缴个人所得税

4.8.1　基本情况(见表4–8)

表4–8　发放给职工的财物未按规定扣缴个人所得税时的纳税风险分析

序号	税种	风险环节	风险要素	具体税收风险描述	风险易发行业
8	个人所得税	工资薪金所得	扣除费用	发放给职工的各类补贴、奖金、实物、购物卡、礼品等，未折算价值作为工资薪金并按税法规定减除费用扣除标准后，按“工资、薪金所得”应税项目扣缴个人所得税	所有行业

4.8.2 基本规定

《中华人民共和国个人所得税法实施条例》第八条关于工资薪金所得的界定，是指个人因任职或者受雇而取得的工资、薪金、奖金、年终加薪、劳动分红、津贴、补贴以及与任职或者受雇有关的其他所得。第十条个人所得的形式，包括现金、实物、有价证券和其他形式的经济利益。

《中华人民共和国个人所得税法实施条例》第十四条规定，下列收入不属于免税的福利费范围，应当并入纳税人的工资、薪金收入计征个人所得税：（一）从超出国家规定的比例或基数计提的福利费、工会经费中支付给个人的各种补贴、补助；（二）从福利费和工会经费中支付给单位职工的人人有份的补贴、补助；（三）单位为个人购买汽车、住房、电子计算机等不属于临时性生活困难补助性质的支出。

【例4-8】

最近，一家企业的职工小王来电咨询：他们单位向每个职工发放了一张500元的购物卡，他的月工资、奖金、津补贴合计为2 800元（不含“三金”）。他想知道，单位为职工发放的购物卡是否缴纳个人所得税，如果要缴，他应该缴纳多少税？

根据《个人所得税法实施条例》，“工资、薪金所得”是指个人因任职或者受雇而取得的工资、薪金、奖金、年终加薪、劳动分红、津贴、补贴以及与任职或者受雇有关的其他所得，包括现金、实物、有价证券以及其他形式的经济利益。《财政部关于企业加强职工福利费财务管理的通知》（财企〔2009〕242号）就企业向职工发放交通通信补贴扣缴个税等相关问题进行了明确，规定：企业为职工提供的交通、住房、通信待遇，已经实行货币化改革的，并按月按标准发放或支付的住房补贴、交通补贴或者车改补贴、通信补贴，以及企业给职工发放的节日补助、未统一供餐而按月发放的午餐费补贴等，不再纳入职工福利费管理，而应当纳入职工工资总额管理，要征个人所得税。也就是说，企业向职工发放的除税法明确规定免税的奖励、津补贴外的各类收入都要缴纳个税。因此，单位为职工发放的节日补贴、购物卡等都应该纳入工资、薪金总额计算缴纳个人所得税。

职工获得单位发放的购物卡是否纳个税，关键要看月收入总额，单位如果向职工发放购物卡时没有其他工资发放，那么合计3 300元的收入没有达到个税起征点，就不需要纳税了；如果一名职工月工资为4 800元，加上发放的500元购物卡，那么总收入为5 300元，本月应缴纳个税（5 300−5 000）×3%=90元。

4.9　企业为员工缴纳的养老保险、医疗保险、失业保险和住房公积金超过允许标准的部分未扣缴个人所得税

4.9.1　基本情况（见表4–9）

表 4–9　企业为员工缴纳的三险一金超过标准部分未扣缴个人所得税时的纳税风险分析

序号	税种	风险环节	风险要素	具体税收风险描述	风险易发行业
9	个人所得税	工资薪金所得	扣除费用	企业为员工缴纳的养老保险、医疗保险、失业保险和住房公积金超过允许标准的部分未扣缴个人所得税	所有行业

4.9.2　基本规定

《财政部 国家税务总局关于基本养老保险费 基本医疗保险费 失业保险费 住房公积金有关个人所得税政策的通知》（财税〔2006〕10号）规定，企事业单位按照国家或省（自治区、直辖市）人民政府规定的缴费比例或办法实际缴付的基本养老保险费、基本医疗保险费和失业保险费，免征个人所得税；个人按照国家或省（自治区、直辖市）人民政府规定的缴费比例或办法实际缴付的基本养老保险费、基本医疗保险费和失业保险费，允许在个人应纳税所得额中扣除。企事业单位和个人超过规定的比例和标准缴付的基本养老保险费、基本医疗保险费和失业保险费，应将超过部分并入个人当期的工资、薪金收入，计征个人所得税。

根据《住房公积金管理条例》《建设部 财政部 中国人民银行关于住房公积金管理若干具体问题的指导意见》（建金管〔2005〕5号）等规定精神，单位和个人分别在不超过职工本人上一年度月平均工资12%的幅度内，其实际缴存的住房公积金，允许在个人应纳税所得额中扣除。单位和职工个人缴存住房公积金的月平均工资不得超过职工工作地所在设区城市上一年度职工月平均工资的

3倍，具体标准按照各地有关规定执行。单位和个人超过上述规定比例和标准缴付的住房公积金，应将超过部分并入个人当期的工资、薪金收入，计征个人所得税。

【例4-9】

某公司员工李某合同签订及工资支付地都在上海，2017年11月被外派到苏州工作，外派期间的社保和住房公积金由公司委托代理公司在苏州缴纳。李某当月取得工资薪金收入10 000元，当月个人在苏州按规定标准缴付的住房公积金、基本养老保险金、医疗保险金、失业保险金共计1 000元，费用扣除额为3 500元。计算李某当月应缴纳的个人所得税。

根据上述规定，李某异地按规定标准缴付的住房公积金、基本养老保险金、医疗保险金、失业保险金共计1 000元可以在个人所得税税前扣除。

应纳个人所得税=（10 000−1 000−3 500）×20%−555=545（元）

第5章

房产税纳税风险点案例分析

5.1 纳税人取得以房屋为载体，不可随意移动的附属设备和配套设施的价款未按规定计入房产原值申报缴纳房产税

5.1.1 基本情况（见表5-1）

表5-1 应计但未计入房产原值申报缴纳房产税时的纳税风险分析

序号	税种	风险环节	风险要素	具体税收风险描述	风险易发行业
1	房产税	申报缴税	计税依据	纳税人取得以房屋为载体，不可随意移动的附属设备和配套设施的价款未按规定计入房产原值申报缴纳房产税	所有行业

5.1.2 基本规定

《国家税务总局关于进一步明确房屋附属设备和配套设施计征房产税有关问题的通知》（国税发〔2005〕173号）规定，为了维持和增加房屋的使用功能或使房屋满足设计要求，凡以房屋为载体，不可随意移动的附属设备和配套设施，如给排水、采暖、消防、中央空调、电气及智能化楼宇设备等，无论在会计核算中是否单独记账与核算，都应计入房产原值，计征房产税。

【例5-1】

2020年1月1日，某公司自行新建的两幢生产用房已验收完工，并投入使用，两幢房产中有配置的消防设施500万元，其中可以移动的消防设施150万元。在进行房产税申报时，该公司扣除房产中配置的消防设施500万元后的房产原值作为计税依据，向主管税务申报缴纳了房产税。

近日，主管税务机关对该公司2012年度新增房产中配置的不可随意移动的消防设施350万元，没有按规定进行申报纳税的行为，作出了补税罚款的税务行政处理。根据《国家税务总局关于进一步明确房屋附属设备和配套设施计征房产税有关问题的通知》（国税发〔2005〕173号）规定，凡以房屋为载体，不可随意移动的附属设备和配套设施，如给排水、采暖、消防、中央空调、电气及智能化楼宇设备等，无论在会计核算中是否单独记账与核算，都应计入房产原值，计征房产税。

因此，企业配置的凡是以房屋为载体、不可以随意移动的消防设施，性质上属于应缴纳房产税的配套设施，无论是否计入固定资产原值，均应纳入房产原值缴纳房产税。如果可以随意移动，则不需要缴纳房产税。

5.2 房屋租金收入未申报或未按期申报、未如实申报

5.2.1 基本情况（见表5-2）

表5-2 房屋租金收入未申报或未按期申报、未如实申报的纳税风险分析

序号	税种	风险环节	风险要素	具体税收风险描述	风险易发行业
2	房产税	申报缴税	纳税义务	房屋租金收入未申报或未按期申报、未如实申报	所有行业

5.2.2 基本规定

《中华人民共和国房产税暂行条例》第一条规定：房产税在城市、县城、建制镇和工矿区征收。

第二条规定：房产税由产权所有人缴纳。产权属于全民所有的，由经营

管理的单位缴纳。产权出典的，由承典人缴纳。产权所有人、承典人不在房产所在地的，或者产权未确定及租典纠纷未解决的，由房产代管人或者使用人缴纳。前款列举的产权所有人、经营管理单位、承典人、房产代管人或者使用人，统称为纳税义务人（以下简称“纳税人”）。

第三条规定：房产税依照房产原值一次减除10%至30%后的余值计算缴纳。具体减除幅度，由省、自治区、直辖市人民政府规定。没有房产原值作为依据的，由房产所在地税务机关参考同类房产核定。房产出租的，以房产租金收入为房产税的计税依据。

第四条规定：房产税的税率，依照房产余值计算缴纳的，税率为1.2%；依照房产租金收入计算缴纳的，税率为12%。

《国家税务总局关于安徽省若干房产税业务问题的批复》（国税函发〔1993〕368号）第一条：对于投资联营的房产，应根据投资联营的具体情况，在计征房产税时予以区别对待。对于以房产投资联营，投资者参与投资利润分红，共担风险的情况，按房产原值作为计税依据计征房产税；对于以房产投资，收取固定收入，不承担联营风险的情况，实际上是以联营名义取得房产的租金，应根据《中华人民共和国房产税暂行条例》的有关规定由出租方按租金收入计缴房产税。

【例5-2】

某局开展的酒店业专项检查中发现存在以下房产税问题：

一、出租房产不按租金计缴房产税。这是酒店业最普遍的偷税手法。根据《中华人民共和国房产税暂行条例》的有关规定，房产税分为从价征收和从租征收两种类型。从价征收的房产税，是对自用房产征税，其计税依据是房产原值一次减除30%后的余值。从租征收的房产税，其计税依据为租金收入，企业申报纳税时由于按租金收入纳税的税负较高，故将出租的房产以房产原值申报纳税，混淆纳税依据，达到少缴房产税的目的。

二、临时建筑或者违章建筑出租未按租金计缴房产税。如酒店在围墙外自行搭建多家商铺、车库等出租，收取一定的租金，因属违章建筑未取得房产证，企业以此理由拒绝缴纳房产税。根据《中华人民共和国房产税暂行条例》第二条规定，房产税由产权所有人缴纳，产权未确定的，由房产代管人或者实际使用人缴纳。该酒店自盖的附属厂房商铺、车库等，虽未办理房产证，没有取得房屋产权，但是属于房产的实际使用人，因此，应当照章缴纳房产税。

三、检查人员在实地检查某酒店的一楼出租商铺时，发现实际出租的商铺与账面记载的不一致，经多方面了解到，酒店将房产租金通过抵费用、消费等方式消化为零，酒店账面上没有现金或转账收入，直接影响了房产税的征收。

四、有的酒店将出租房产改成内部承包，签订虚假的联营承包合同，将租金收入“化妆”成“联营利润”。如某酒店将本酒店五楼租给某人作为桑拿房，签订“联营承包合同”，合同注明：“该桑拿房自主经营，自负盈亏，酒店不参与经营，不共享利润，不承担风险等”，桑拿房每月向酒店上缴的租金变成了“联营利润”，从而偷逃房产税。根据《国家税务总局关于安徽省若干房产税业务问题的批复》（国税函发〔1993〕368号）第一条的规定，对于投资联营的房产，应根据投资联营的具体情况，在计征房产税时予以区别对待。对于以房产投资联营，投资者参与投资利润分红，共担风险的情况，按房产原值作为计税依据计征房产税；对于以房产投资，收取固定收入，不承担联营风险的情况，实际上是以联营名义取得房产的租金，应根据《中华人民共和国房产税暂行条例》的有关规定由出租方按租金收入计缴房产税。因此该酒店签订的“联营承包合同”应按租金收入缴纳房产税。

5.3 免税单位将其自用房产用于非免税用途（出租等）未进行申报缴税

5.3.1 基本情况（见表5-3）

表 5-3 免税单位将其自用房产用于非免税用途（出租等）未进行申报缴税时的纳税风险分析

序号	税种	风险环节	风险要素	具体税收风险描述	风险易发行业
3	房产税	申报缴税	征税范围	免税单位将其自用房产用于非免税用途（出租等）未进行申报缴税	所有行业

5.3.2　基本规定

《国家税务局关于印发〈关于土地使用税若干具体问题的补充规定〉的通知》(国税地字〔1989〕140号)第一条，关于对免税单位与纳税单位之间无偿使用的土地应否征税问题：

对免税单位无偿使用纳税单位的土地(如公安、海关等单位使用铁路、民航等单位的土地)，免征土地使用税；对纳税单位无偿使用免税单位的土地，纳税单位应照章缴纳土地使用税。

【例5–3】

某地方政府通过招商引资引进一家大型企业——甲企业，并将政府办公楼的其中一层交由该企业无偿使用，房产税如何缴纳呢?

地方政府的办公楼属于免税单位的房产，而企业属于纳税单位，根据《国家税务局关于印发〈关于土地使用税若干具体问题的补充规定〉的通知》(国税地字〔1989〕140号)第一条规定，纳税单位无偿使用免税单位的房产，应由使用人，即甲企业按照房产余值缴纳房产税。

甲企业拥有房屋2栋，一处自用，另一处无偿提供给公安办公使用，自用按房产原值缴纳房产税，无偿提供房屋给公安办公使用是否需要缴纳房产税呢?

公安部门属于免税单位，对于免税单位无偿使用纳税单位的房产，根据《国家税务局关于印发〈关于土地使用税若干具体问题的补充规定〉的通知》(国税地字〔1989〕140号)第一条："对免税单位无偿使用纳税单位的土地(如公安、海关等单位使用铁路、民航等单位的土地)，免征土地使用税。"因此，甲企业无偿提供房屋给公安办公使用无须缴纳房产税。

甲企业与乙商户签订房屋租赁合同，将一幢原值2 500万元的写字楼租给乙商户使用。合同规定，因乙租期为2年，可在租赁开始时有1个月的免收租金期限。那么免收租金的这一个月是否需要缴纳房产税?

根据《财政部 国家税务总局关于安置残疾人就业单位城镇土地使用税等政策的通知》(财税〔2010〕121号)第二条："对出租房产，

租赁双方签订的租赁合同约定有免收租金期限的，免收租金期间由产权所有人按照房产原值缴纳房产税。”因此，甲企业出租该写字楼免收1个月租金期间应按照房产原值缴纳房产税。

5.4 因房产的实物或权利状态发生变化而依法终止房产税纳税义务的，未及时报告修改税源信息

5.4.1 基本情况（见表5-4）

表5-4 未及时报告税源信息时的纳税风险分析

序号	税种	风险环节	风险要素	具体税收风险描述	风险易发行业
4	房产税	税源登记	征税对象	因房产的实物或权利状态发生变化而依法终止房产税纳税义务的，未及时报告修改税源信息	所有行业

5.4.2 基本规定

《财政部 国家税务总局关于房产税城镇土地使用税有关问题的通知》（财税〔2008〕152号）第三条规定：纳税人因房产、土地的实物或权利状态发生变化而依法终止房产税、城镇土地使用税纳税义务的，其应纳税款的计算应截止到房产、土地的实物或权利状态发生变化的当月末。

【例5-4】

甲企业5月宣告破产，那么该企业5月是否可以终止房产税的纳税义务？

根据《财政部 国家税务总局关于房产税 城镇土地使用税有关问题的通知》（财税〔2008〕152号）第三条：“纳税人因房产、土地的实物或权利状态发生变化而依法终止房产税、城镇土地使用税纳税义务的，其应纳税款的计算应截止到房产、土地的实物或权利状态发生变化的当月末。”因此，房产、土地的实物或权利状态发生变化依法终止纳税义务的，税款应当计算至房产、土地实物或权利状态发生变化的当月末。但是，房产税不以房产、土地的实际交付而自动终止。

管理人应当持有与财产购买方进行的财产移交材料或者财产移交清单等向税务机关进行报告，并在电子税务局中进行税源信息报告，将土地及房产的移交情况进行报告，终止税源信息。做完税源信息报备并经税务局确认后，破产企业房产税纳税义务终止。

5.5　企业同时存在应税和减免税房产，征免界限划分不清，导致错误申报缴税

5.5.1　基本情况（见表5-5）

表 5-5　企业同时存在应税和减免税房产导致错误申报缴税的纳税风险分析

序号	税种	风险环节	风险要素	具体税收风险描述	风险易发行业
5	房产税	申报缴税	征税对象	企业同时存在应税和减免税房产，征免界限划分不清，导致错误申报缴税	所有行业

5.5.2　基本规定

《中华人民共和国房产税暂行条例》第五条规定，下列房产免纳房产税：一、国家机关、人民团体、军队自用的房产；二、由国家财政部门拨付事业经费的单位自用的房产；三、宗教寺庙、公园、名胜古迹自用的房产；四、个人所有非营业用的房产；五、经财政部批准免税的其他房产。

《中华人民共和国房产税暂行条例》第六条规定，除该条例第五条规定者外，纳税人纳税确有困难的，可由省、自治区、直辖市人民政府确定，定期减征或者免征房产税。

《财政部 国家税务总局检发〈关于房产税若干具体问题的解释和暂行法规〉〈关于车船使用税若干具体问题的解释和暂行法规〉的通知》（财税地字〔1986〕8号）第十条规定：企业办的各类学校、医院、托儿所、幼儿园自用的房产，可以比照由国家财政部门拨付事业经费的单位自用的房产，免征房产税。

《财政部 国家税务总局检发〈关于房产税若干具体问题的解释和暂行法规〉〈关于车船使用税若干具体问题的解释和暂行法规〉的通知》（财税地字〔1986〕8号）第十六条规定：经有关部门鉴定，对毁损不堪居住的房屋和危险

房屋，在停止使用后，可免征房产税。

《财政部 国家税务总局检发〈关于房产税若干具体问题的解释和暂行法规〉〈关于车船使用税若干具体问题的解释和暂行法规〉的通知》（财税地字〔1986〕8号）第二十一条规定：凡是在基建工地为基建工地服务的各种工棚、材料棚、休息棚和办公室、食堂、茶炉房、汽车房等临时性房屋，不论是施工企业自行建造还是由基建单位出资建造交施工企业使用的，在施工期间，一律免征房产税。但是，如果在基建工程结束以后，施工企业将这种临时性房屋交还或者估价转让给基建单位的，应当从基建单位接收的次月起，依照法规征收房产税。

《财政部 国家税务总局检发〈关于房产税若干具体问题的解释和暂行法规〉〈关于车船使用税若干具体问题的解释和暂行法规〉的通知》（财税地字〔1986〕8号）第二十五条规定：纳税单位与免税单位共同使用的房屋，按各自使用的部分划分，分别征收或免征房产税。

《财政部 国家税务总局关于暂免征收军队空余房产租赁收入营业税房产税的通知》（财税〔2004〕123号）第一条规定：自2004年8月1日起，对军队空余房产租赁收入暂免征收房产税；此前已征税款不予退还，未征税款不再补征。

《财政部 国家税务总局关于暂免征收军队空余房产租赁收入营业税房产税的通知》（财税〔2004〕123号）第二条规定：暂免征收房产税的军队空余房产，在出租时必须悬挂“军队房地产租赁许可证”，以备查验。

《财政部 国家税务总局关于对老年服务机构有关税收政策问题的通知》（财税〔2000〕97号）第一条规定：对政府部门和企事业单位、社会团体以及个人等社会力量投资兴办的福利性、非营利性的老年服务机构，暂免征收企业所得税，以及老年服务机构自用房产、土地、车船的房产税、城镇土地使用税、车船使用税。

《财政部 国家税务总局关于企业和自收自支事业单位向职工出租的单位自有住房房产税和营业税政策的通知》（财税〔2013〕94号）规定，经研究，现就企业和自收自支事业单位向职工出租的单位自有住房的房产税和营业税政策进一步明确如下：《财政部 国家税务总局关于调整住房租赁市场税收政策的通知》（财税〔2000〕125号）第一条规定，暂免征收房产税、营业税的企业和自收自支事业单位向职工出租的单位自有住房，是指按照公有住房管理或纳入县级以上政府廉租住房管理的单位自有住房。

《财政部 税务总局 住房城乡建设部关于完善住房租赁有关税收政策的公告》（财政部 税务总局 住房城乡建设部公告2021年第24号）第二条规定：对企事业单位、社会团体以及其他组织向个人、专业化规模化住房租赁企业出租住房的，减按4%的税率征收房产税。

《财政部 税务总局 住房城乡建设部关于完善住房租赁有关税收政策的公告》（财政部 税务总局 住房城乡建设部公告2021年第24号）第三条规定：对利用非居住存量土地和非居住存量房屋（含商业办公用房、工业厂房改造后出租用于居住的房屋）建设的保障性租赁住房，取得保障性租赁住房项目认定书后，比照适用第一条、第二条规定的税收政策。

《财政部 税务总局关于进一步实施小微企业"六税两费"减免政策的公告》（财税2022年第10号）第一条规定：由省、自治区、直辖市人民政府根据本地区实际情况，以及宏观调控需要确定，对增值税小规模纳税人、小型微利企业和个体工商户可以在50%的税额幅度内减征资源税、城市维护建设税、房产税、城镇土地使用税、印花税（不含证券交易印花税）、耕地占用税和教育费附加、地方教育附加。

《财政部 税务总局关于进一步实施小微企业"六税两费"减免政策的公告》（财税2022年第10号）第二条规定：增值税小规模纳税人、小型微利企业和个体工商户已依法享受资源税、城市维护建设税、房产税、城镇土地使用税、印花税、耕地占用税、教育费附加、地方教育附加其他优惠政策的，可叠加享受该公告第一条规定的优惠政策。

《财政部 税务总局关于延续执行部分国家商品储备税收优惠政策的公告》（财税2022年第8号）第二条：对商品储备管理公司及其直属库自用的承担商品储备业务的房产、土地，免征房产税、城镇土地使用税。

《财政部 税务总局 发展改革委 民政部 商务部 卫生健康委关于养老、托育、家政等社区家庭服务业税费优惠政策的公告》（财政部 税务总局 发展改革委 民政部 商务部 卫生健康委公告2019年第76号）第二条规定：为社区提供养老、托育、家政等服务的机构自有或其通过承租、无偿使用等方式取得并用于提供社区养老、托育、家政服务的房产、土地，免征房产税、城镇土地使用税。

根据《财政部 国家税务总局关于延长部分税收优惠政策执行期限的公告》（财政部 税务总局公告2022年第4号），以下税收优惠政策执行期限延长至2023年12月31日。

（1）《财政部 税务总局 科技部 教育部关于科技企业孵化器 大学科技园和众创空间税收政策的通知》（财税〔2018〕120号）第一条规定：自2019年1月1日至2021年12月31日，对国家级、省级科技企业孵化器、大学科技园和国家备案众创空间自用以及无偿或通过出租等方式提供给在孵对象使用的房产、土地，免征房产税和城镇土地使用税。

（2）《财政部 税务总局关于继续实行农产品批发市场 农贸市场房产税 城镇土地使用税优惠政策的通知》（财税〔2019〕12号）第一条规定：自2019年1月1日至2021年12月31日，对农产品批发市场、农贸市场（包括自有和承租，下同）专门用于经营农产品的房产、土地，暂免征收房产税和城镇土地使用税。对同时经营其他产品的农产品批发市场和农贸市场使用的房产、土地，按其他产品与农产品交易场地面积的比例确定征免房产税和城镇土地使用税。

（3）《财政部 税务总局关于高校学生公寓房产税 印花税政策的通知》（财税〔2019〕14号）第一条规定：对高校学生公寓免征房产税。

《财政部 国家税务总局关于调整住房租赁市场税收政策的通知》（财税〔2000〕125号）第一条规定：对按政府规定价格出租的公有住房和廉租住房，包括企业和自收自支事业单位向职工出租的单位自有住房；房管部门向居民出租的公有住房；落实私房政策中带户发还产权并以政府规定租金标准向居民出租的私有住房等，暂免征收房产税。

《财政部 国家税务总局关于调整住房租赁市场税收政策的通知》（财税〔2000〕125号）第二条规定：对个人按市场价格出租的居民住房，其应缴纳的房产税暂减按4%的税率征收。

《国家发展改革委 住房城乡建设部 财政部 商务部 人民银行 国资委 税务总局 市场监管总局关于应对新冠肺炎疫情进一步帮扶服务业小微企业和个体工商户缓解房屋租金压力的指导意见》（发改投资规〔2020〕734号）第三条第（五）项规定：对服务业小微企业和个体工商户减免租金的出租人，可按现行规定减免当年房产税、城镇土地使用税。落实好增值税小规模纳税人税收优惠政策。

【例5-5】

2021年1月，A公司为增值税一般纳税人，将原值5 000万元的房产办了一家幼儿园，将购买的一栋住房出租给一家住房租赁企业B公司，年租金收入10万元（不含增值税）。B公司已向广州市住建部门备案，经营租赁住房建筑面积4万平方米，符合专业化规模化住房租赁企业的标准。请问，住房租赁有关税收政策实施后，A公司2021年应缴房产税如何计算?

按照《财政部 国家税务总局关于房产税若干具体问题的解释和暂行规定》(财税地字〔1986〕8号)的规定，企业办的各类学校、医院、托儿所、幼儿园自用的房产，可以比照由国家财政部门拨付事业经费的单位自用的房产，免征房产税。

根据《中华人民共和国房产税暂行条例》规定，房产出租的，按照房产租金收入的12%计算缴纳房产税。2021年1月1日至2021年9月30日，A公司出租给B公司的住房，应按租金收入的12%缴纳房产税。计算如下：2021年1—9月应纳税额= 100 000×12%÷12×9= 9 000元。

根据《财政部 税务总局 住房城乡建设部关于完善住房租赁有关税收政策的公告》(财税2021年第24号)第二条的规定，对企事业单位、社会团体以及其他组织向个人、专业化规模化住房租赁企业出租住房的，减按4%的税率征收房产税。2021年10月1日至2021年12月31日，由于承租A公司住房的住房租赁企业B公司属于专业化规模化住房租赁企业，A公司可按租金收入的4%缴纳房产税。计算如下：2021年10—12月应纳税额=100 000×4%÷12×3=1 000元。

因此，A公司全年应纳税额=9 000+1 000=10 000元。

5.6 申请享受房产税困难减免优惠的，没有按规定办理减免税核准手续，自行少计算缴纳税款的

5.6.1 基本情况（见表5-6）

表 5-6　未按规定办理减免税核准手续自行少计算缴纳税款的纳税风险分析

序号	税种	风险环节	风险要素	具体税收风险描述	风险易发行业
6	房产税	申报缴税	减免核准	申请享受房产税困难减免优惠的，没有按规定办理减免税核准手续，自行少计算缴纳税款的	所有行业

5.6.2 基本规定

《中华人民共和国房产税暂行条例》第六条规定：除该条例第五条规定者外，纳税人纳税确有困难的，可由省、自治区、直辖市人民政府确定，定期减征或者免征房产税。

房产税减免的核准权限是有差异的，各省之间也不尽相同。

《广东省房产税施行细则》（广东省人民政府粤府〔1986〕168号）第八条规定：除该细则第六条规定者外，纳税人纳税确有困难，可向房产所在地税务机关申请，经县（市）税务局批准，酌情给予定期减税或免税的照顾。

《广东省地方税务局关于房产税困难减免税有关事项的公告》（广东省地方税务局公告2017年第6号）第一条规定，纳税人符合以下情形之一，纳税确有困难的，可酌情给予减税或免税：（一）因风、火、水、地震等严重自然灾害或其他不可抗力因素发生重大损失的；（二）受市场因素影响，难以维系正常生产经营，发生亏损的；（三）依法进入破产程序或停产、停业连续6个月以上的；（四）地级及以上人民政府、横琴新区管理委员会、深汕特别合作区管理委员会，广州、深圳市的市辖区人民政府重点扶持的（注意规定中“可酌情给予减税或免税”的表述。这表明了税务机关会依据纳税人提交的申请及资料情况，综合考虑困难程度及其他因素，有权给予全部免税、部分免税或不予减免税的决定。因此我们提交困难性减免申请材料时候，既要注意资料的合规性，又要注意资料能够充分反映企业目前的困难情况，严肃对待申报资料准备和提交工作，才能使税务机关据以全面了解情况并作出正确判断）。

《国家税务总局海南省税务局关于房产税和城镇土地使用税困难减免税有关事项的公告》（国家税务总局海南省税务局公告2020年第6号）第一条规定，纳税人有下列情形之一的，可申请享受房产税和城镇土地使用税困难减免税：（一）因风、火、水、地震等造成的严重自然灾害或其他不可抗力因素遭受重大损失的；（二）从事鼓励类产业或公益事业的纳税人经营发生严重亏损的；（三）因政府规划调整、环境治理等特殊原因，造成国有建设用地使用权人不能按照国有建设用地使用权有偿使用合同约定或划拨决定书规定的用途、规划和建设条件开发超过两年的土地且国有建设用地使用权人无过错的；（四）因突发性的公共卫生、公共安全等因素导致纳税人阶段性经营困难的；（五）海南省人民政府准予困难减免税的其他情形。

《国家税务总局海南省税务局关于房产税和城镇土地使用税困难减免税有

关事项的公告》（国家税务总局海南省税务局公告2020年第6号）第五条规定：纳税人符合该公告第一条第（一）项、第（二）项规定的，减免的税额不得超过困难年度发生的实际损失或亏损金额，依次减免困难年度的房产税、城镇土地使用税。

《国家税务总局海南省税务局关于房产税和城镇土地使用税困难减免税有关事项的公告》（国家税务总局海南省税务局公告2020年第6号）第六条规定：纳税人符合困难减免税条件的，申请期限为符合减免税条件之日起至减免税所属年度次年9月30日止。

《国家税务总局海南省税务局关于房产税和城镇土地使用税困难减免税有关事项的公告》（国家税务总局海南省税务局公告2020年第6号）第七条规定：纳税人申请房产税、城镇土地使用税困难减免税，应当向主管税务机关提交"纳税人减免税申请核准表"、减免税申请报告（列明减免税理由、依据、范围、期限、数量、金额等）及以下证明纳税人困难的相关资料：（一）纳税人符合该公告第一条第（一）项规定的，应提供上年度财务报表或上年度的个人收入证明以及重大损失证明资料；（二）纳税人符合该公告第一条第（二）项规定的，应提供从事海南自由贸易港鼓励类产业或公益事业的证明资料、亏损年度的企业所得税年度纳税申报表或个人所得税经营所得纳税申报表以及年度利润表；（三）纳税人符合该公告第一条第（三）项规定的，应提供县级以上人民政府主管部门出具的证明资料；（四）纳税人符合该公告第一条第（四）项规定的，应提供当期及上年同期利润表；（五）纳税人符合该公告第一条第（五）项规定的，应提供海南省人民政府的批准性文件。

《国家税务总局海南省税务局关于房产税和城镇土地使用税困难减免税有关事项的公告》（国家税务总局海南省税务局公告2020年第6号）第八条规定：房产税和城镇土地使用税困难减免核准权限下放至市、县级税务机关。

《国家税务总局海南省税务局关于房产税和城镇土地使用税困难减免税有关事项的公告》（国家税务总局海南省税务局公告2020年第6号）第九条规定：纳税人符合该公告第一条第（一）项、第（二）项、第（三）项困难减免税条件的，按年核准。纳税人符合该公告第一条第（四）项、第（五）项困难减免税条件的，按照规定的减免期限一次性核准。

《国家税务总局海南省税务局关于房产税和城镇土地使用税困难减免税有关事项的公告》（国家税务总局海南省税务局公告2020年第6号）第十条规定：

房产税和城镇土地使用税困难减免税核准应于受理后20个工作日内完成。

《国家税务总局海南省税务局关于房产税和城镇土地使用税困难减免税有关事项的公告》（国家税务总局海南省税务局公告2020年第6号）第十一条规定：市、县级税务机关要坚持服务与管理并重的原则，切实做好核准工作。同时要加强后续管理，对经核准减免税的纳税人进行跟踪评估。对情形发生变化的，要重新进行核准；对骗取减免税的，应及时追缴税款并按规定予以处罚。

【例5–6】

陕西省某企业停产、停业连续半年以上，根据有关房产税减免税政策的规定自行减免其2020年度停产、停业期间闲置未用的房产应缴的房产税，共计27万元，但并未依法向税务机关提出减免申请。

根据《陕西省财政厅 国家税务总局陕西省税务局关于进一步明确困难企业房产税减免政策有关事项的公告》（陕西省财政厅 国家税务总局陕西省税务局公告2019年第2号）的规定："一、房产税困难减免条件：纳税人符合下列条件之一的，可申请房产税困难减免：（一）因风、火、水、地震等造成的严重自然灾害遭受重大损失导致严重亏损的。严重亏损是指年亏损额大于企业当年全部应缴税额；（二）企业停产、停业连续半年以上，停产、停业期间闲置未用的房产；（三）省政府确定的需要政策重点扶持的企业……三、核准流程：（一）申请。符合条件的纳税人，应自年度终了之日起九个月内，向所在地县（区）税务部门提出减免房产税的申请。纳税人申请减免税时应提交下列资料：1."纳税人减免税申请核准表"；2.减免税申请报告；3.房屋产权证书或其他证明纳税人实际使用房产的材料原件及复印件（原件查验后退回）；4.证明纳税人困难的相关材料。（二）受理。纳税人减免税申请由所在地县（区）税务部门受理。税务部门核对申请资料是否齐全、是否符合法定形式，符合的及时受理；对资料不齐全、不符合法定形式的，一次性告知应补正资料或不予受理的原因。县（区）税务部门在受理后应及时将受理情况通知同级财政部门。（三）调查。受理申请后，县（区）财政和税务部门组成调查组，对申请人的房产税困难减免情况进行实地核查，并提交明确初步意见的书面调查报告。（四）核准。房产税困难减免税事项实行财政、税务部门联合核准。对符合房产税困难减免条件的，由财政、税务部门按照管理权限予以核准并下发文件进行确认；对不符合条件的，应当说明理由，并告知纳税人依法享有申请行政复议等法律救济的权利。”

该企业应根据有关流程规定办理减免税核准手续，不得在没有办理减免税核准手续的情况下，自行少计算缴纳税款。

5.7　跨区房产税源未进行信息报告，导致房产税漏缴

5.7.1　基本情况（见表5-7）

表 5-7　跨区房产税源未进行信息报告，导致房产税漏缴时的纳税风险分析

序号	税种	风险环节	风险要素	具体税收风险描述	风险易发行业
7	房产税	税源登记	纳税地点	跨区房产税源未进行信息报告，导致房产税漏缴	所有行业

5.7.2　基本规定

《中华人民共和国房产税暂行条例》第九条规定：房产税由房产所在地的税务机关征收。

《甘肃省地方税务局就金税三期工程优化版上线有关事项对广大纳税人的温馨提示》第六条规定：纳税人在机构所在地以外拥有房产、土地所有权的，应到房产、土地所在地主管税务机关进行跨区税源登记，并缴纳房产税、城镇土地使用税。

《山东税务发布电子税务局常见问题汇总》（2019年8月）中提到，若发现已申报数据存在问题，请通过点击应税明细，修改房产税税源信息采集、城镇土地使用税税源信息采集信息进行更正。以房产税申报更正为例说明更正操作，步骤如下：（1）点击需要修改税源信息的应税明细按钮；（2）点击修改按钮；（3）如该条房源信息已经申报还未进行缴款，点击修改按钮则系统会提示“应税信息已申报未开票，变更应税信息后无法作废该属期的申报表，请先作废申报表！”需先作废掉申报表后再进行申报；（4）如该条房源信息已申报并且已经缴款成功，在修改税源信息时会提示“应税信息已申报并开票，变更应税信息后无法作废该属期的申报表！是否继续修改？”点击“确定”按钮后可

修改税源信息；（5）修改完成后重新进入房产税、城镇土地使用税申报表进行申报即可。温馨提示：申报房产税、城镇土地使用税系统会自动带出当期已缴税额，如果修改税源信息后产生的应补退税额大于已缴税额，则可通过电子税务局进行申报并补缴少缴税额。如果修改税源信息产生的应补退税额小于已缴税额，则可通过电子税务局进行申报，多缴税额请前往大厅办理退抵税申请。

【例5–7】

河南省某县城的K公司2016年年末在郑州市购置了一处房产作为企业的驻省城办事处。该房屋价值4 500万元，应缴房产税38万元。由于K公司未对该跨区房产税源进行信息报告，从而导致了房产税的漏缴。

根据《中华人民共和国房产税暂行条例》第九条规定："房产税由房产所在地的税务机关征收。"房产不在一地的纳税人，应按房产的坐落地点，分别向房产所在地的税务机关缴纳房产税。由于该公司应按房产的坐落地点分别向房产所在地的税务机关缴纳房产税，因此K公司应及时对跨区房产税源进行信息报告，并在郑州市缴纳房产税。若K公司在郑州市的房产已计提的房产税未全部缴纳，则未缴纳的金额不能在税前扣除，到年终企业进行所得税纳税申报时应予以调整；若K公司在郑州市的房产缴纳的房产税超过按房产余值计算的房产税，应查明原因进行处理：是否有房产出租取得的租金未计入公司收入总额的情形，若取得的租金已列收入，所缴纳的房产税应准予在税前扣除。

第 6 章

土地增值税纳税风险点案例分析

6.1 申请注销前未按土地增值税相关应税项目进行清算，并计算缴纳土地增值税

6.1.1 基本情况（见表6–1）

表 6–1　　申请注销前未按土地增值税相关应税项目进行清算并计算缴纳土地增值税时的纳税风险分析

序号	税种	风险环节	风险要素	具体税收风险描述	风险易发行业
1	土地增值税	申报缴税——土地增值税清算	纳税义务发生时间	申请注销前未按土地增值税相关应税项目进行清算，并计算缴纳土地增值税	房地产业

6.1.2 基本规定

《税收征管法》第十六条规定：从事生产、经营的纳税人，税务登记内容发生变化的，自工商行政管理机关办理变更登记之日起三十日内或者在向工商行政管理机关申请办理注销登记之前，持有关证件向税务机关申报办理变更或者注销税务登记。

《国家税务总局关于房地产开发企业土地增值税清算管理有关问题的通知》

（国税发〔2006〕187号）第一条规定：土地增值税以国家有关部门审批的房地产开发项目为单位进行清算，对于分期开发的项目，以分期项目为单位清算。开发项目中同时包含普通住宅和非普通住宅的，应分别计算增值额。

《国家税务总局关于房地产开发企业土地增值税清算管理有关问题的通知》（国税发〔2006〕187号）第二条规定：土地增值税的清算条件：（一）符合下列情形之一的，纳税人应进行土地增值税的清算：1.房地产开发项目全部竣工、完成销售的；2.整体转让未竣工决算房地产开发项目的；3.直接转让土地使用权的。（二）符合下列情形之一的，主管税务机关可要求纳税人进行土地增值税清算：1.已竣工验收的房地产开发项目，已转让的房地产建筑面积占整个项目可售建筑面积的比例在85%以上，或该比例虽未超过85%，但剩余的可售建筑面积已经出租或自用的；2.取得销售（预售）许可证满三年仍未销售完毕的；3.纳税人申请注销税务登记但未办理土地增值税清算手续的；4.省税务机关规定的其他情况。

《国家税务总局关于房地产开发企业土地增值税清算管理有关问题的通知》（国税发〔2006〕187号）第五条规定，土地增值税清算应报送的资料：符合该通知第二条第（一）项规定的纳税人，须在满足清算条件之日起90日内到主管税务机关办理清算手续；符合该通知第二条第（二）项规定的纳税人，须在主管税务机关限定的期限内办理清算手续。纳税人办理土地增值税清算应报送以下资料：（一）房地产开发企业清算土地增值税书面申请、土地增值税纳税申报表；（二）项目竣工决算报表、取得土地使用权所支付的地价款凭证、国有土地使用权出让合同、银行贷款利息结算通知单、项目工程合同结算单、商品房购销合同统计表等与转让房地产的收入、成本和费用有关的证明资料；（三）主管税务机关要求报送的其他与土地增值税清算有关的证明资料等。（四）纳税人委托税务中介机构审核鉴证的清算项目，还应报送中介机构出具的《土地增值税清算税款鉴证报告》。

《国家税务总局关于房地产开发企业土地增值税清算管理有关问题的通知》（国税发〔2006〕187号）第六条规定：税务中介机构受托对清算项目审核鉴证时，应按税务机关规定的格式对审核鉴证情况出具鉴证报告。对符合要求的鉴证报告，税务机关可以采信。税务机关要对从事土地增值税清算鉴证工作的税务中介机构在准入条件、工作程序、鉴证内容、法律责任等方面提出明确要求，并做好必要的指导和管理工作。

《国家税务总局关于印发〈土地增值税清算管理规程〉的通知》（国税发〔2009〕91号）第九条规定，纳税人符合下列条件之一的，应进行土地增值税的清算：（一）房地产开发项目全部竣工、完成销售的；（二）整体转让未竣工决算房地产开发项目的；（三）直接转让土地使用权的。

《国家税务总局关于印发〈土地增值税清算管理规程〉的通知》（国税发〔2009〕91号）第十条规定，对符合以下条件之一的，主管税务机关可要求纳税人进行土地增值税清算：（一）已竣工验收的房地产开发项目，已转让的房地产建筑面积占整个项目可售建筑面积的比例在85%以上，或该比例虽未超过85%，但剩余的可售建筑面积已经出租或自用的；（二）取得销售（预售）许可证满三年仍未销售完毕的；（三）纳税人申请注销税务登记但未办理土地增值税清算手续的；（四）省（自治区、直辖市、计划单列市）税务机关规定的其他情况。对前款所列第（三）项情形，应在办理注销登记前进行土地增值税清算。

《国家税务总局关于印发〈土地增值税清算管理规程〉的通知》（国税发〔2009〕91号）第十一条规定：对于符合该规程第九条规定，应进行土地增值税清算的项目，纳税人应当在满足条件之日起90日内到主管税务机关办理清算手续。对于符合该规程第十条规定税务机关可要求纳税人进行土地增值税清算的项目，由主管税务机关确定是否进行清算；对于确定需要进行清算的项目，由主管税务机关下达清算通知，纳税人应当在收到清算通知之日起90日内办理清算手续。应进行土地增值税清算的纳税人或经主管税务机关确定需要进行清算的纳税人，在上述规定的期限内拒不清算或不提供清算资料的，主管税务机关可依据《中华人民共和国税收征收管理法》有关规定处理。

【例6–1】

2018年，某房地产开发公司开发一栋写字楼出售，取得的销售收入总额2 000万元，支付开发写字楼的地价款（包含契税）400万元，开发过程中支付拆迁补偿费100万元，供水供电基础设施费80万元，建筑工程费用520万元，开发过程向金融机构借款500万元，借款期限1年，金融机构年利率5%。施工、销售过程中发生的管理费用和销售费用共计260万元。该企业销售写字楼缴纳的印花税、城市维护建设税、教育费附加共计110万元。2019年，该公司申请注销。

计算该公司该项目应缴土地增值税税额。

（一）收入2 000万元

（二）扣除

1.取得土地使用权所支付的金额=400万元

2.房地产开发成本=100+80+520=700（万元）

3.房地产开发费用=80万元，其中：

（1）利息支出=500×5%=25（万元）

（2）其他=1 100×5%=55（万元）（管理费用和销售费用不能据实扣除）

4.税金=110万元

5.加计扣除=1 100×20%=220（万元）

扣除项目金额合计=400+700+80+110+220=1 510（万元）

（三）增值额=2 000−1 510=490（万元）

（四）税率

增值额÷扣除项目金额=490÷1 510=32%<50%，故适用税率为30%。

（五）税额

应该缴纳土地增值税税额=490×30%=147（万元）

2019年，该公司申请注销，申请注销前应按土地增值税相关应税项目进行清算，并计算缴纳土地增值税。

6.2 在预售房地产时未按房地产类型和预征率分别申报预缴土地增值税

6.2.1 基本情况（见表6-2）

表6-2 在预售房地产时未按房地产类型和预征率分别申报预缴土地增值税时的纳税风险分析

序号	税种	风险环节	风险要素	具体税收风险描述	风险易发行业
2	土地增值税	申报缴税——土地增值税预征	税率税额	在预售房地产时未按房地产类型和预征率分别申报预缴土地增值税	房地产业

6.2.2　基本规定

《中华人民共和国土地增值税暂行条例实施细则》第十六条规定：纳税人在项目全部竣工结算前转让房地产取得的收入，由于涉及成本确定或其他原因，而无法据以计算土地增值税的，可以预征土地增值税，待该项目全部竣工、办理结算后再进行清算，多退少补。具体办法由各省、自治区、直辖市地方税务局根据当地情况制定。

《国家税务总局关于营改增后土地增值税若干征管规定的公告》（国家税务总局公告2016年第70号）第一条规定：营改增后，纳税人转让房地产的土地增值税应税收入不含增值税。适用增值税一般计税方法的纳税人，其转让房地产的土地增值税应税收入不含增值税销项税额；适用简易计税方法的纳税人，其转让房地产的土地增值税应税收入不含增值税应纳税额。为方便纳税人，简化土地增值税预征税款计算，房地产开发企业采取预收款方式销售自行开发的房地产项目的，可按照以下方法计算土地增值税预征计征依据：土地增值税预征的计征依据=预收款－应预缴增值税税款。

《国家税务总局关于加强土地增值税征管工作的通知》（国税发〔2010〕53号）规定：为了发挥土地增值税在预征阶段的调节作用，各地须对目前的预征率进行调整。除保障性住房外，东部地区省份预征率不得低于2%，中部和东北地区省份不得低于1.5%，西部地区省份不得低于1%，各地要根据不同类型房地产确定适当的预征率（地区的划分按照国务院有关文件的规定执行）。对尚未预征或暂缓预征的地区，应切实按照税收法律法规开展预征，确保土地增值税在预征阶段及时、充分发挥调节作用。

【例6-2】

房地产开发企业甲公司为增值税一般纳税人，按照一般计税方法计算缴纳增值税。2021年3月，甲公司取得商品房预售收入1.09亿元，对应的土地价款为5 000万元，土地增值税预征率为1.5%。在预缴土地增值税时，企业财务人员错误地按照“应预缴税额=当期预售收入÷（1+增值税税率）×土地增值税预征率”的计算方法，自行计算并预缴土地增值税=10 900÷（1+9%）×1.5%=150万元，存在少预缴税款的风险。

依据《房地产开发企业销售自行开发的房地产项目增值税征收管

理暂行办法》（国家税务总局公告2016年第18号印发，以下简称《暂行办法》）第四条规定，房地产开发企业中的增值税一般纳税人销售自行开发的房地产项目，适用一般计税方法计税，按照取得的全部价款和价外费用，扣除当期销售房地产项目对应的土地价款后的余额计算销售额。销售额的计算公式如下：销售额=（全部价款和价外费用-当期允许扣除的土地价款）÷（1+11%）。

《财政部 税务总局关于调整增值税税率的通知》（财税〔2018〕32号）和《财政部 税务总局 海关总署关于深化增值税改革有关政策的公告》（财政部 税务总局 海关总署公告2019年第39号）实施后，销售额的计算公式为：销售额=（全部价款和价外费用-当期允许扣除的土地价款）÷（1+9%）。此时，按照《暂行办法》第十一条规定，应预缴增值税的计算公式为：应预缴税款=预收款÷（1+适用税率或征收率）×3%。适用一般计税方法计税的，按照9%的适用税率计算；适用简易计税方法计税的，按照5%的征收率计算。

《财政部 国家税务总局关于营改增后契税 房产税 土地增值税 个人所得税计税依据问题的通知》（财税〔2016〕43号）明确，土地增值税纳税人转让房地产取得的收入，为不含增值税收入。同时，《国家税务总局关于营改增后土地增值税若干征管规定的公告》（国家税务总局公告2016年第70号）规定，营改增后，纳税人转让房地产的土地增值税应税收入不含增值税。适用增值税一般计税方法的纳税人，其转让房地产的土地增值税应税收入不含增值税销项税额；适用简易计税方法的纳税人，其转让房地产的土地增值税应税收入不含增值税应纳税额。为方便纳税人，简化土地增值税预征税款计算，房地产开发企业采取预收款方式销售自行开发的房地产项目的，可按照以下方法计算土地增值税预征计征依据：土地增值税预征的计征依据=预收款-应预缴增值税税款。

结合上述政策规定来看，适用增值税一般计税方法的房地产开发企业，预缴土地增值税的方法有两种。第一种计算公式为：应预缴税额=[全部价款和价外费用-（全部价款和价外费用-当期销售房地产项目对应的土地价款）÷（1+增值税适用税率）×增值税适用税率]×土地增值税预征率。第二种计算公式则为：应预缴税额=（预收款-

应预缴增值税税款）× 土地增值税预征率。实务中，采用第二种方法的情况更加普遍。纳税人可与主管税务机关沟通，选择合适的计税方法。

实务操作中，部分纳税人对"不含增值税销项税额""不含增值税收入"理解有误，不考虑土地价款的影响，直接按全部价款和价外费用确认销售收入，采用"应预缴税额=预收款 ÷（1+增值税税率）× 土地增值税预征率"的计算公式，计算应预缴土地增值税税款，导致税款预缴不足，引发税务风险。纳税人务必准确理解政策，合规计算应预缴税款。

本案例中，企业可以根据自身情况，选择预缴税款计算公式。如果选择按照《暂行办法》规定的方法计算，则应预缴税额=［10 900-（10 900-5 000）÷（1+9%）× 9%］× 1.5%=156.19 万元；如果企业不能准确核算预收款对应的土地价款，也可以按简化方法计算，此时，应预缴税额=［10 900-10 900 ÷（1+9%）× 3%］× 1.5%=159 万元。

6.3 将开发产品用于职工福利、奖励、对外投资、分配给股东或投资人、抵偿债务、换取其他单位和个人的非货币性资产等发生所有权转移的用途，未视同销售申报纳税

6.3.1 基本情况（见表 6-3）

表 6-3　将开发产品用于发生所有权转移用途未视同销售申报纳税时的纳税风险分析

序号	税种	风险环节	风险要素	具体税收风险描述	风险易发行业
3	土地增值税	申报缴税	征税对象	将开发产品用于职工福利、奖励、对外投资、分配给股东或投资人、抵偿债务、换取其他单位和个人的非货币性资产等发生所有权转移的用途，未视同销售申报纳税	房地产业

6.3.2 基本规定

《国家税务总局关于营改增后土地增值税若干征管规定的公告》（国家税务总局公告2016年第70号）第二条规定：关于营改增后视同销售房地产的土地增

值税应税收入确认问题：纳税人将开发产品用于职工福利、奖励、对外投资、分配给股东或投资人、抵偿债务、换取其他单位和个人的非货币性资产等，发生所有权转移时应视同销售房地产，其收入应按照《国家税务总局关于房地产开发企业土地增值税清算管理有关问题的通知》(国税发〔2006〕187号)第三条规定执行。

《国家税务总局关于房地产开发企业土地增值税清算管理有关问题的通知》(国税发〔2006〕187号)第三条规定，非直接销售和自用房地产的收入确定：(一)房地产开发企业将开发产品用于职工福利、奖励、对外投资、分配给股东或投资人、抵偿债务、换取其他单位和个人的非货币性资产等，发生所有权转移时应视同销售房地产，其收入按下列方法和顺序确认：1.按本企业在同一地区、同一年度销售的同类房地产的平均价格确定；2.由主管税务机关参照当地当年、同类房地产的市场价格或评估价值确定。

【例6-3】

2011年10月24日，广东省中山市中级人民法院作出(2010)中中法执字第115-3号执行裁定，裁定："将被执行人盛兴集团公司名下位于中山市石岐区青溪路的证号为中府国用(2008)字第230871的土地使用权及地上附着物(不含已在中山市国土资源局办理了商品房销售登记备案并已出售的房地产33套以及已实际入住的拆迁户所居住5套房地产)……按中山市新康拍卖有限公司和中山市银泰拍卖有限公司合同编号为2011092001的拍卖成交确认书所确认的成交价人民币93 834 944元拍卖给买受人中山锦标房地产有限公司。本裁定送达后即发生法律效力。"

2016年10月11日至2017年5月11日，中山市地方税务局城区税务分局分别作出中山地税城区土清(2016)2500004号土地增值税清算通知书、中山地税城区通(2016)30001号税务事项通知书、中山地税(城区)限提字(2017)30002号限期提供资料通知书，要求盛兴集团公司限期办理纳税申报及提供土地增值税清算资料，盛兴集团公司逾期未申报，也未提供资料。

2017年3月7日，广东省中山市中级人民法院向中山市地方税务局出具(2010)中中法执字第115号之三函，载明："买受人中山锦标房地产有限公司于2017年8月14日向本院书面确认同意按照上述拍卖成交确认书中的约定履行应承担的缴税义务。故本案拍卖所涉税费由买受人中山锦标房地产有限公司承担事项在本案当事人及利害关系人之间并无异议。”

2017年9月30日，城区税务分局作出中山地税城区征核字（2017）30001号土地增值税核定征收税务事项告知书，认为盛兴集团公司开发的“江滨绿苑”项目符合土地增值税项目清算条件，但未按照规定的期限办理项目清算手续，经税务机关责令限期清算，逾期仍不清算，遂决定对该项目采取核定征收方式进行土地增值税清算；作出中山地税城区清税（核）（2017）30001号土地增值税核定征收通知书，根据《中华人民共和国税收征收管理法》《中华人民共和国土地增值税暂行条例》及实施细则、《国家税务总局关于房地产开发企业土地增值税清算管理有关问题的通知》的有关规定，决定对“江滨绿苑”项目按确定的销售收入106 488 675元［包括（2010）中中法执字第115-3号执行裁定确定的拍卖成交价93 834 944元和已办理销售备案登记的33套房屋的交易价款12 653 731元］和按5.5%的核定征收率核定征收土地增值税5 856 877.13元；作出城区地税土办（2017）30003号土地增值税清算决定书，责令盛兴集团公司收到决定书后十五日内补缴土地增值税5 856 877.13元；作出中山地税城区通（2017）30009号税务事项通知书，依据《中华人民共和国税收征收管理法》第三十五条的规定，核定盛兴集团公司应缴纳营业税4 691 747.20元、城市维护建设税328 422.30元、教育费附加140 752.42元、地方教育附加93 834元、堤围防护费93 834.94元、企业所得税3 284 223.04元，遂责令盛兴集团公司自通知书送达之日起十五日内前往该局缴纳。城区税务分局送达了上述文书。

盛兴集团公司不服，向中山市地方税务局申请行政复议，请求撤销上述征税文书。市税务局经受理、审查，于2018年1月25日作出中山地税行复（2017）8号行政复议决定，决定维持税务城区分局对盛兴集团公司作出的征收行为。市税务局向盛兴集团公司送达了行政复议决定书。盛兴集团公司仍不服，遂起诉。一审驳回后，提起二审，二审维持原判。

该案例的争议焦点如下：

原、被告就城区税务分局所作的征税文件认定事实、适用法律、及处理结果是否正确等存在争议。

原告盛兴集团公司认为，城区税务分局及市税务局作出的具体行政行为没有事实和法律的依据。首先，本案中的拍卖事项严重违法至今未得到纠正，盛兴集团公司已经向相关部门主张权利。其次，根据中山市中级人民法院的拍卖文件，即使拍卖成功，所需缴纳的税款也应当由买家承担，而不是由盛兴集团公司承担。最后，本案的征税标的至今未完成拍卖过户的程序，不应由盛兴集团公司缴纳涉案的税费。综上，涉案的征税标的因中山市中级人民法院的违法拍卖导致至今仍处于不确定状态，所谓的拍卖也没有能通过过户转移所有权，原城区地税分局作出的征税文件毫无事实和法律依据，请求依法予以撤销。

被告城区税务分局认为，第一，广东省中山市中级人民法院作出（2010）中中法执字第115-3号执行裁定书，裁定将盛兴集团公司名下位于中山市石岐区青溪路、证号为中府国用（2008）字第230871的土地使用权及地上附着物（不含已在中山市国土资源局办理了商品房销售登记备案并已出售的房地产33套以及已实际入住的拆迁户所居住5套房地产），按拍卖价93 834 944元拍卖给中山锦标房地产有限公司。该裁定书送达后即发生法律效力。根据《中华人民共和国物权法》第二十八条的规定，我分局依法核定应纳税费。盛兴集团公司逾期未办理纳税申报及提供土地增值税清算资料。第二，盛兴集团公司的执行异议以及申诉不影响该裁定的法律效力，且文书所载的拍卖所涉税费由买受人承担并不能改变盛兴集团公司是转让拍卖标的物所涉税费以及“江滨绿苑”项目土地增值税清算的法定纳税（费）义务人的事实。买受人已于2017年11月2日向我局缴纳了本次拍卖所涉税费。第三，盛兴集团公司是转让拍卖标的物所涉税（费）的法定缴纳义务人，应当依法办理纳税申报手续。

法院认为，《国家税务总局关于房地产开发企业土地增值税清算管理有关问题的通知》（国税发〔2006〕187号）第三条第（一）项规定：“房地产开发企业将开发产品用于职工福利、奖励、对外投资、分配给股东或投资人、抵偿债务、换取其他单位和个人的非货币性资产等，发生所有权转移时应视同销售房地产。”根据上述规定，结合（2010）中中法执字第115-3号执行裁定书的内容，应当将盛兴集团公司开发的“江滨绿苑”项目经司法拍卖给受让人中山锦标房地产有限公司的行为视为盛兴集团公司销售房地产的行为。因此，盛兴集团公司是土地增值税的法定纳税义务人，拍卖成交确认书虽约定由受让人缴纳税费，但并不能以此否定盛兴集团公司是上述税费的法定缴纳义务人。基于盛兴集团公司未办理纳税申报及提供土地增值税清算资料，税务城区分局遂进行有关税费的核定，并无不当。盛兴集团公司的诉讼请求理据不充分，予以驳回。

6.4 预缴过程中有增值税但无土地增值税预缴

6.4.1 基本情况（见表6-4）

表 6-4　预缴过程中有增值税但无土地增值税预缴时的纳税风险分析

序号	税种	风险环节	风险要素	具体税收风险描述	风险易发行业
4	土地增值税	申报缴税	计税依据	预缴过程中有增值税但无土地增值税预缴	房地产业

6.4.2 基本规定

《国家税务总局关于发布〈房地产开发企业销售自行开发的房地产项目增值税征收管理暂行办法〉的公告》（国家税务总局公告2016年第18号）第四条规定，房地产开发企业中的一般纳税人（以下简称“一般纳税人”）销售自行开发的房地产项目，适用一般计税方法计税，按照取得的全部价款和价外费用，扣除当期销售房地产项目对应的土地价款后的余额计算销售额。销售额的计算公式如下：销售额=（全部价款和价外费用-当期允许扣除的土地价款）÷（1+11%）。

《国家税务总局关于发布〈房地产开发企业销售自行开发的房地产项目增值税征收管理暂行办法〉的公告》（国家税务总局公告2016年第18号）第五条规定，当期允许扣除的土地价款按照以下公式计算：当期允许扣除的土地价款=

（当期销售房地产项目建筑面积 ÷ 房地产项目可供销售建筑面积）× 支付的土地价款。当期销售房地产项目建筑面积，是指当期进行纳税申报的增值税销售额对应的建筑面积。房地产项目可供销售建筑面积，是指房地产项目可以出售的总建筑面积，不包括销售房地产项目时未单独作价结算的配套公共设施的建筑面积。支付的土地价款，是指向政府、土地管理部门或受政府委托收取土地价款的单位直接支付的土地价款。

《国家税务总局关于发布〈房地产开发企业销售自行开发的房地产项目增值税征收管理暂行办法〉的公告》（国家税务总局公告2016年第18号）第八条规定：一般纳税人销售自行开发的房地产老项目，可以选择适用简易计税方法按照5%的征收率计税。一经选择简易计税方法计税的，36个月内不得变更为一般计税方法计税。房地产老项目，是指：（一）“建筑工程施工许可证”注明的合同开工日期在2016年4月30日前的房地产项目；（二）“建筑工程施工许可证”未注明合同开工日期或者未取得“建筑工程施工许可证”但建筑工程承包合同注明的开工日期在2016年4月30日前的建筑工程项目。

《国家税务总局关于发布〈房地产开发企业销售自行开发的房地产项目增值税征收管理暂行办法〉的公告》（国家税务总局公告2016年第18号）第九条规定：一般纳税人销售自行开发的房地产老项目适用简易计税方法计税的，以取得的全部价款和价外费用为销售额，不得扣除对应的土地价款。

《国家税务总局关于发布〈房地产开发企业销售自行开发的房地产项目增值税征收管理暂行办法〉的公告》（国家税务总局公告2016年第18号）第十条规定：一般纳税人采取预收款方式销售自行开发的房地产项目，应在收到预收款时按照3%的预征率预缴增值税。

《国家税务总局关于发布〈房地产开发企业销售自行开发的房地产项目增值税征收管理暂行办法〉的公告》（国家税务总局公告2016年第18号）第十一条规定，应预缴税款按照以下公式计算：应预缴税款=预收款 ÷（1+适用税率或征收率）× 3%。适用一般计税方法计税的，按照11%的适用税率计算；适用简易计税方法计税的，按照5%的征收率计算。

《国家税务总局关于发布〈房地产开发企业销售自行开发的房地产项目增值税征收管理暂行办法〉的公告》（国家税务总局公告2016年第18号）第十二条规定：一般纳税人应在取得预收款的次月纳税申报期向主管国税机关预缴税款。

《国家税务总局关于发布〈房地产开发企业销售自行开发的房地产项目增值税征收管理暂行办法〉的公告》(国家税务总局公告2016年第18号)第十四条规定：一般纳税人销售自行开发的房地产项目适用一般计税方法计税的，应按照《营业税改征增值税试点实施办法》(财税〔2016〕36号文件印发，以下简称《试点实施办法》)第四十五条规定的纳税义务发生时间，以当期销售额和11%的适用税率计算当期应纳税额，抵减已预缴税款后，向主管国税机关申报纳税。未抵减完的预缴税款可以结转下期继续抵减。

《国家税务总局关于发布〈房地产开发企业销售自行开发的房地产项目增值税征收管理暂行办法〉的公告》(国家税务总局公告2016年第18号)第十五条规定：一般纳税人销售自行开发的房地产项目适用简易计税方法计税的，应按照《试点实施办法》第四十五条规定的纳税义务发生时间，以当期销售额和5%的征收率计算当期应纳税额，抵减已预缴税款后，向主管国税机关申报纳税。未抵减完的预缴税款可以结转下期继续抵减。

《国家税务总局关于发布〈房地产开发企业销售自行开发的房地产项目增值税征收管理暂行办法〉的公告》(国家税务总局公告2016年第18号)第十九条规定：房地产开发企业中的小规模纳税人(以下简称“小规模纳税人”)采取预收款方式销售自行开发的房地产项目，应在收到预收款时按照3%的预征率预缴增值税。

《国家税务总局关于发布〈房地产开发企业销售自行开发的房地产项目增值税征收管理暂行办法〉的公告》(国家税务总局公告2016年第18号)第二十条规定，应预缴税款按照以下公式计算：应预缴税款=预收款÷(1+5%)×3%。

《国家税务总局关于发布〈房地产开发企业销售自行开发的房地产项目增值税征收管理暂行办法〉的公告》(国家税务总局公告2016年第18号)第二十一条规定：小规模纳税人应在取得预收款的次月纳税申报期或主管国税机关核定的纳税期限向主管国税机关预缴税款。

《国家税务总局关于发布〈房地产开发企业销售自行开发的房地产项目增值税征收管理暂行办法〉的公告》(国家税务总局公告2016年第18号)第二十二条规定：小规模纳税人销售自行开发的房地产项目，应按照《试点实施办法》第四十五条规定的纳税义务发生时间，以当期销售额和5%的征收率计算当期应纳税额，抵减已预缴税款后，向主管国税机关申报纳税。未抵减完的预缴税款可以结转下期继续抵减。

【例6-4】

A公司为从事房地产开发的增值税一般纳税人，正开发甲商品房项目，适用增值税一般计税方法。项目开发产品包括普通住宅、非普通住宅和商铺、车位等。2021年1月，A公司取得该项目的预售许可证，并于第一季度收到预收款1亿元。4月，商品房竣工验收合格。此后，A公司于第二季度收到预收款2亿元。7月交付预售商品房并办理产权登记，收到预售商品房销售尾款1 000万元。第三季度以现房形式销售剩余商品房，收到销售款3亿元。甲项目将于10月开始办理土地增值税清算。A公司在预缴过程中有增值税但无土地增值税预缴，存在一定税务风险。

增值税预缴和土地增值税预征，在税务处理上存在一定区别。

一是征缴时点不同。增值税方面，《国家税务总局关于发布〈房地产开发企业销售自行开发的房地产项目增值税征收管理暂行办法〉的公告》（国家税务总局公告2016年第18号，以下简称“2016年18号公告”）规定，一般纳税人采取预收款方式销售自行开发的房地产项目，应在收到预收款时，按照3%的预征率预缴增值税；一般纳税人销售自行开发的房地产项目适用一般计税方法计税的，应按照《营业税改征增值税试点实施办法》（财税〔2016〕36号文件印发）第四十五条规定的纳税义务发生时间，以当期销售额和适用税率计算当期应纳税额，抵减已预缴税款后，向主管税务机关申报纳税。因此，纳税人应在收到预收款时预缴增值税，待确认纳税义务发生后，再进行纳税申报。这里的纳税义务发生时间，为发生应税行为并收讫销售款项或取得索取销售款项凭据的当天。

土地增值税方面，《土地增值税暂行条例实施细则》第十六条规定，纳税人在项目全部竣工结算前转让房地产取得的收入，由于涉及成本确定或其他原因，而无法据以计算土地增值税的，可以预征土地增值税，待该项目全部竣工、办理结算后再进行清算，多退少补。因此，土地增值税自纳税人收到转让收入后开始预征，符合条件后不再预征，并转入清算程序。

两者在征缴时点上的主要区别在于，增值税预缴以确认不动产销售的纳税义务发生时间为截止时点，纳税义务发生后，取得的收入不再预缴增值税，转为直接纳税申报；土地增值税预征则以清算作为截止时点，进行清算即不再预征。

上述案例中，甲项目于7月交付预售商品房并办理产权登记，取得预售商品房的尾款，增值税纳税义务已经发生，纳税人应该以商品房对应的销售额和适用税率计算当期应纳税额，抵减已预缴税款后，向主管税务机关申报纳税。因此，收到的预售商品房尾款1 000万元不再需要预缴增值税。同样，第三季度以现房形式销售剩余商品房收到的3亿元，也不需要预缴增值税，而应在增值税纳税义务发生后，直接进行纳税申报。但由于当时尚未进行土地增值税清算，因此，这部分销售款仍需要预征土地增值税。

二是计税依据不同。增值税方面，2016年18号公告第十一条规定，应预缴税款的计算公式为：应预缴税款=预收款 ÷（1+适用税率或征收率）×3%。可见，增值税预缴税款的计税依据为“预收款 ÷（1+适用税率或征收率）”。甲项目适用增值税一般计税方法，应预缴增值税税款=预收款 ÷（1+9%）×3%。

土地增值税方面，《国家税务总局关于营改增后土地增值税若干征管规定的公告》（国家税务总局公告2016年第70号，以下简称“2016年70号公告”）第一条规定，房地产开发企业采取预收款方式销售自行开发的房地产项目的，可按照以下方法计算土地增值税预征计征依据：土地增值税预征的计征依据=预收款−应预缴增值税税款。因此，甲项目的土地增值税预征计税依据=预收款−预收款 ÷（1+9%）×3%。

需要特别注意的是，土地增值税预征的计税依据，不是根据增值税预收款价税分离确定的，而是按照预收款扣减实际预缴的增值税确定的，其金额与增值税预缴的计税依据不同。以第一季度为例，增值税预缴的计税依据=10 000 ÷（1+9%）=9 174万元，而土地增值税预征的计税依据=10 000−9 174×3%=9 725万元，比增值税预缴计税依据多出551（9 725−9 174）万元。纳税人莫要误以增值税预缴计税依据作为土地增值税预征计税依据。

三是预缴（征）率不同。增值税方面，根据2016年18号公告第十一条规定，预缴率统一为3%。土地增值税方面，根据《财政部 国家税务总局关于土地增值税一些具体问题规定的通知》（财税字〔1995〕

48号）第十四条和《国家税务总局关于加强土地增值税征管工作的通知》（国税发〔2010〕53号）第二条的规定，预征土地增值税的具体办法，由各省、自治区、直辖市税务局根据当地情况制定。因此，不同地区，土地增值税预征率可能不同；不同类型房地产，适用的预征率也不完全相同。

四是纳税期限不同。增值税方面，2016年18号公告规定，一般纳税人应在取得预收款的次月纳税申报期，向主管税务机关预缴税款；小规模纳税人应在取得预收款的次月纳税申报期或主管税务机关核定的纳税期限，向主管税务机关预缴税款。因此，房地产开发企业如果是一般纳税人，预缴增值税应在次月申报缴纳；如果是小规模纳税人，应在次月纳税申报期或主管税务机关核定的纳税期限，申报缴纳税款。

土地增值税方面，对于纳税期限等预征的具体办法，由各省、自治区、直辖市税务局根据当地情况制定。目前，多数地区土地增值税预征实行按月申报，但也有部分地区实行按季申报。比如上海就规定，房地产开发企业转让开发建造的房地产，土地增值税实行按季申报缴纳，纳税人应于季度终了之日起十五日内，申报并缴纳税款。

增值税预缴和土地增值税预征，是从事房地产开发的纳税人需要处理的两个重要的税务事项，两者之间既有联系又有区别。笔者建议相关纳税人应正确理解两者的区别，尤其是税务处理上的不同，准确做好税款计算及申报缴纳等工作，避免税务风险。

6.5 达到应清算或可清算条件而未进行清算

6.5.1 基本情况（见表6–5）

表 6–5　达到应清算或可清算条件而未进行清算时的纳税风险分析

序号	税种	风险环节	风险要素	具体税收风险描述	风险易发行业
5	土地增值税	申报缴税	征税对象	达到应清算或可清算条件而未进行清算	房地产业

6.5.2 基本规定

《国家税务总局关于房地产开发企业土地增值税清算管理有关问题的通知》

（国税发〔2006〕187号）规定了土地增值税清算的条件，（一）符合下列情形之一的，纳税人应进行土地增值税的清算：1.房地产开发项目全部竣工、完成销售的；2.整体转让未竣工决算房地产开发项目的；3.直接转让土地使用权的。（二）符合下列情形之一的，主管税务机关可要求纳税人进行土地增值税清算：1.已竣工验收的房地产开发项目，已转让的房地产建筑面积占整个项目可售建筑面积的比例在85%以上，或该比例虽未超过85%，但剩余的可售建筑面积已经出租或自用的；2.取得销售（预售）许可证满三年仍未销售完毕的；3.纳税人申请注销税务登记但未办理土地增值税清算手续的；4.省税务机关规定的其他情况。

《国家税务总局关于营改增后土地增值税若干征管规定的公告》（国家税务总局公告2016年第70号）规定，房地产开发企业在营改增后进行房地产开发项目土地增值税清算时，按以下方法确定相关金额：（一）土地增值税应税收入=营改增前转让房地产取得的收入+营改增后转让房地产取得的不含增值税收入；（二）与转让房地产有关的税金=营改增前实际缴纳的营业税、城建税、教育费附加+营改增后允许扣除的城建税、教育费附加。

【例6–5】

2014年，A公司取得取得预售许可证后，即对其开发未完成的产品进行了部分销售。2019年×月×日，S市人民法院做出《民事裁定书》，裁定受理申请人×××申请被告A公司的破产清算。

庭审中，原告S市税务局明确未被被告A公司管理人确认的税款名称及金额如下：

土地增值税（预征）。时间自2014年10月起至2016年2月期间的土地增值税（预征），计算起算日期为2014年11月18日，结束日期为2018年5月24日，以对应每期的滞纳金合计为169 783.75元。

被告A公司辩称：一、被告A公司不应缴纳土地增值税预征的滞纳金，“××××”项目经清算审核，实际上应缴纳土地增值税税额为0元。被告A公司之前预缴的土地增值税211 158.21元，原告S市税务局亦全额退还被告A公司。上述事实，被告A公司提交的《国家税务总局S市税务局税务事项通知书》记载内容足以证明。被告A公司既然实际上不应缴纳土地增值税，自然也不应当缴纳土地增值税预征的滞纳金。

S市人民法院认为：依法纳税是每个纳税人业应尽的法定义务，虽然被告进行了破产清算，但其所欠税款仍应当由原告进行追缴。本案经庭审与质证，其争议的焦点为下列税款及滞纳金能否被确认为破产债权：

预征土地增值税是在还没有正确计算出房地产项目增值税的情况下，为确保税款平稳，均匀的流入国库，而采取是预先征收土地增值税的办法。预缴税款应当按每月或季度进行。本案中，被告A公司开发的项目自2014年起开始预售，其应按照每月预售收入预征率申报缴纳土地增值税，纳税义务发生时间为实际收到售房款的当月，期限为次月15日内。

即使如被告A公司在庭审所述公司面临经营困难，但仍需向原告S市税务局提出免征或缓征的申请，并以原告S市税务局同意的其他方式进行预缴。而被告A公司自2014年10月至2016年2月期间并未按照上述法律规定缴纳预征土地增值税款，且也未在当年年度终了之日起五个月内，向原告S市税务局报送年度企业所得税纳税申报表，进行汇算清缴，结清应缴应退税款。其行为属于违反法律法规应缴纳而未缴纳的情形，应当被征收滞纳金。

故对原告S市税务局要求确认被告A公司欠缴预征土地增值税的滞纳金169 783.75元为破产债权的诉讼请求，法院予以支持。

被告A公司在诉讼中虽提出项目经清算审核，实际应缴纳土地增值税税额为0元，因此被告A公司不应缴纳预征土地增值税滞纳金的辩称意见。

法院认为，虽然被告A公司在清算后实际应缴纳土地增值税额为0元，但并不能改变被告A公司在清算前的2014年10月至2016年2月期间须正常纳税的事实，其应纳未纳的预征土地增值税滞纳金在当期已实际发生，且被告A公司并未提交申报表，故对被告A公司的该项辩称意见，法院不予采纳。

6.6　房地产开发企业以其建造的商品房进行投资和联营，未申报缴纳土地增值税

6.6.1　基本情况（见表6-6）

表 6-6　房地产开发企业以其建造的商品房进行投资和联营，未申报缴纳土地增值税时的纳税风险分析

序号	税种	风险环节	风险要素	具体税收风险描述	风险易发行业
6	土地增值税	申报缴税	征税对象	房地产开发企业以其建造的商品房进行投资和联营，未申报缴纳土地增值税	房地产业

6.6.2　基本规定

《财政部 国家税务总局关于土地增值税一些具体问题规定的通知》（财税字〔1995〕48号）规定，对以房地产作价入股，凡所投资、联营的企业从事房地产开发的，征收土地增值税；房地产开发企业以其建造的商品房进行投资和联营的，征收土地增值税。

《财政部 国家税务总局关于土地增值税若干问题的通知》（财税〔2006〕21号）中对这一条款作了补充规定，对于以土地（房地产）作价入股进行投资或联营的，凡所投资、联营的企业从事房地产开发的，或者房地产开发企业以其建造的商品房进行投资和联营的，均不适用《财政部 国家税务总局关于土地增值税一些具体问题规定的通知》第一条暂免征收土地增值税的规定。

【例6-6】

A房地产公司于2000年以500万元的价格取得一块土地，但一直未对土地进行开发。2016年8月，该土地的公允价值已经增值到2 000万元。A公司决定于2016年11月开始在该土地上开发商品房（普通住房）。经测算，预计商品房销售收入约为5 500万元，土地增值税扣除项目金额约为3 000万元，可在企业所得税前扣除的成本税费约为3 350万元（不含土地增值税）。当地契税税率为3%。A公司想出的筹划方案是：在开发土地之前，A公司可将该土地作价2 000万元投资成立B公司，然后再由A公司吸收合并B公司，最后再开发商品房对外销售。

专家对该筹划方案进行了点评：方案中“以土地（房地产）作价入股进行投资”对土地增值税的税收筹划，即“在开发土地之前，A房地产公司可将该土地作价2 000万元投资成立B公司，然后再由A公司吸收合并B公司，最后再开发商品房对外销售”由于财税〔2006〕21号文件的发布和执行而变得不可行。

上文筹划方案中主要根据《财政部 国家税务总局关于土地增值税一些具体问题规定的通知》（财税字〔1995〕第48号）文件规定，对于以房地产进行投资、联营的，投资、联营的一方以土地（房地产）作价入股进行投资或作为联营条件，将房地产转让到所投资、联营的企业中时，暂免征收土地增值税。对投资、联营企业将上述房地产再转让的，应征收土地增值税。因此，A公司认为，以土地对外投资可免征土地增值税。

而《财政部 国家税务总局关于土地增值税若干问题的通知》（财税〔2006〕第21号）第五条“关于以房地产进行投资或联营的征免税问题”中规定：对于以土地（房地产）作价入股进行投资或联营的，凡所投资、联营的企业从事房地产开发的，或者房地产开发企业以其建造的商品房进行投资和联营的，均不适用《财政部 国家税务总局关于土地增值税一些具体问题规定的通知》（财税字〔1995〕48号）第一条暂免征收土地增值税的规定。

该条款主要对征、免土地增值税的情形进行了如下明确：

一、任何企业（包括房地产开发企业）以土地（房地产）作价入股进行投资或联营的，凡所投资、联营的企业从事房地产开发的，不适用暂免征收土地增值税的规定。

二、房地产开发企业以其建造的商品房进行投资和联营的，不适用暂免征收土地增值税的规定。

因此，该筹划方案有两个缺陷，一是没有说明B公司是否从事房地产行业；二是考虑到成立B公司和吸收合并B公司的时间过程及目的，税务机关可以按照新的《企业所得税法》第四十七条之规定：“企业实施其他不具有合理商业目的的安排而减少其应纳税收入或者所得额的，税务机关有权按照合理方法调整。”

原文中A公司将土地作价投资成立B公司，继而再由A公司吸收合并B公司，最后再开发商品房对外销售，投资的最终目的实质上还是从事房地产开发，因此不符合财税〔2006〕21号暂免征收土地增值税的条件。

6.7　转让国有土地使用权、地上建筑物及其附着物时，对未办理土地使用权证而转让土地的情况，未计算缴纳土地增值税

6.7.1　基本情况（见表6–7）

表 6–7　转让国有土地使用权、地上建筑物及其附着物时，对未办理土地使用权证而转让土地的情况，未计算缴纳土地增值税的纳税风险分析

序号	税种	风险环节	风险要素	具体税收风险描述	风险易发行业
7	土地增值税	申报缴税	征税对象	转让国有土地使用权、地上建筑物及其附着物时，对未办理土地使用权证而转让土地的情况，未计算缴纳土地增值税	所有产业

6.7.2　基本规定

《中华人民共和国土地增值税暂行条例》第二条规定，转让国有土地使用权、地上的建筑物及其附着物并取得收入的单位和个人，为土地增值税的纳税义务人，应当依照该条例缴纳土地增值税。

《中华人民共和国土地增值税暂行条例实施细则》第二条中明确，《条例》第二条中所称的转让国有土地使用权、地上的建筑物及其附着物取得收入，是指以出售或者其他方式有偿转让房地产的行为。不包括以继承、赠与方式无偿转让房地产的行为。

《国家税务总局关于未办理土地使用权证转让土地有关税收问题的批复》（国税函〔2007〕645号）明确规定，土地使用者转让、抵押或置换土地，无论其是否取得了该土地的使用权属证书，无论其在转让、抵押或置换土地过程中是否与对方当事人办理了土地使用权属证书变更登记手续，只要土地使用者享有占有、使用、收益或处分该土地的权利，且有合同等证据表明其实质转让、抵押或置换了土地并取得了相应的经济利益，土地使用者及其对方当事人应当依照税法规定缴纳营业税、土地增值税和契税等相关税收。

【例6-7】

甲公司有一处在建项目（新项目），预计总投资20亿元（其中土地使用权4亿元），由于甲公司资金链断裂现将此项目对外转让，截止转让前发生建造成本5.2亿元，达到转让条件。现甲公司以15亿元的评估价转让给乙公司，后续乙公司仍需投资部分建设资金完成项目后期建设（不考虑相关附加税因素，增值率未超过50%，税率为30%）。

对转让方公司进行涉税分析：

1.增值税：根据财税〔2016〕36号文件规定，转让建筑物有限产权或者永久使用权的，转让在建的建筑物或者构筑物所有权的，以及在转让建筑物或者构筑物时一并转让其所占土地的使用权的，按照“销售不动产”缴纳增值税。在此需要注意的是区分在建工程是老项目还是新项目，从而适用不同的计税方法。

甲公司需缴纳增值税=（15–4–5.2）÷（1+9%）×9%=0.48（亿元）

2.土地增值税：《中华人民共和国土地增值税暂行条例》规定，转让国有土地使用权、地上建筑物及其附着物并取得收入的单位和个人，为土地增值税的纳税义务人，应依照该条例缴纳土地增值税。很多财务人员在此处会有一个疑惑，转让方在土地增值税清算时对于在建工程部分是否可以加计扣除？由于在建项目转让方按销售不动产税目计征增值税，与此同时转让方在计缴土地增值税时，应按照《土地增值税暂行条例》计算。同时享受可加计扣除20%的优惠政策。

甲公司需缴纳土地增值税=［15÷1.09–（4+5.2）÷1.09–（4+5.2）÷1.09×0.2］×30%=1.1（亿元）

3.印花税：根据印花税暂行条例及实施细则规定，在建项目的转让应依据产权转移书据项目缴纳印花税。其计税依据应为在建项目转让合同的不含税价款。

甲公司需缴纳印花税=15÷1.09×0.0005=0.0068（亿元）

4.企业所得税：根据企业所得税法规定，转让在建项目可视为企业财产的销售转让，应根据相关税法规定，计缴企业所得税。转让方也应按销售不动产适用税率，给被转让方开具相应的增值税发票或其他合理的扣税凭证，以免受让方企业所得税税前无法正常扣除。

甲公司需缴纳企业所得税=（15÷1.09−4−5.2−0.48−1.1−0.0068）×0.25=0.74（亿元）

6.8 在转让土地权属时，转让价格明显偏低且无正当理由，少申报缴纳土地增值税

6.8.1 基本情况（见表6-8）

表 6-8 转让土地价格明显偏低且无正当理由，少申报缴纳土地增值税时的纳税风险分析

序号	税种	风险环节	风险要素	具体税收风险描述	风险易发行业
8	土地增值税	申报缴税	计税依据	在转让土地权属时，转让价格明显偏低且无正当理由，少申报缴纳土地增值税	所有产业

6.8.2 基本规定

《中华人民共和国土地增值税暂行条例》第九条规定，纳税人有下列情形之一的，按照房地产评估价格计算征收：转让房地产的成交价格低于房地产评估价格，又无正当理由的。

《中华人民共和国土地增值税暂行条例实施细则》规定，条例第九条第（三）项所称的转让房地产的成交价格低于房地产评估价格，又无正当理由的，是指纳税人申报的转让房地产的实际成交价低于房地产评估机构评定的交易价，纳税人又不能提供凭据或无正当理由的行为。

符合下列条件之一的房地产转让价格明显偏低，视为有正当理由：

（一）人民法院判定或裁定的转让价格；

（二）以公开拍卖方式转让房地产的价格；

（三）政府有关部门确定的转让价格；

（四）经主管税务机关认定的其他合理情形。

【例6-8】

2017年，A房产建设有限公司（以下简称“A公司”）为偿还贷款，委托拍卖行拍卖一处房产，设定拍卖保证金为6 800万元。最终，只有一家竞买人参与，以底价约1.2亿元人民币成交。拍卖完成后，A

公司依法缴纳了相应的税款。

S市地税局第三稽查局（以下简称“稽查局”）经查认为，A公司将拍卖保证金金额设定畸高，导致拍卖没有发生“竞价”行为，而有两个主体以上的竞买人参加的拍卖才符合我国拍卖法关于“竞价”的规定。因此，A公司以底价拍卖无正当理由。结合拍卖房产周边房产的当期交易价格，稽查局认定A公司拍卖房产申报的计税依据明显偏低且无正当理由，根据相关规定核定A公司拍卖房产的交易价格为3.1亿元，要求其补缴税款867.1万元及滞纳金280.5万元。

A公司认为自己是为解决债务危机而拍卖房产，拍卖手续合法有效，且依法足额缴纳了相应税款，不存在无正当理由的低申报税款行为，向法院提出上诉，结果一审、二审和再审全部败诉。已审法院认为A公司拍卖房产的价格不及市场价的一半，存在价格明显偏低的事实。而仅有一个竞买人参与拍卖且以底价成交的情况说明有关拍卖价格显失公平，理由不正当。

第 7 章 契税纳税风险点案例分析

7.1 以划拨方式取得土地使用权再转让的，未对补交的土地出让价款和其他出让费用等补缴相应契税

7.1.1 基本情况（见表 7-1）

表 7-1 以划拨方式取得土地使用权再转让时未补缴相应契税的纳税风险分析

序号	税种	风险环节	风险要素	具体税收风险描述	风险易发行业
1	契税	申报缴税	征税对象	以划拨方式取得土地使用权再转让的，未对补交的土地出让价款和其他出让费用等补缴相应契税	所有产业

7.1.2 基本规定

《中华人民共和国契税暂行条例》第一条规定，在中华人民共和国境内转移土地、房屋权属，承受的单位和个人为契税的纳税人，应当依照该条例的规定缴纳契税；以及第二条规定，该条例所称转移土地、房屋权属是指下列行为：（一）国有土地使用权出让；（二）土地使用权转让，包括出售、赠与和交换；（三）房屋买卖；（四）房屋赠与；（五）房屋交换。

《财政部 国家税务总局关于国有土地使用权出让等有关契税问题的通知》

（财税〔2004〕134号）第二条和《中华人民共和国契税暂行条例实施细则》第十一条均有明确规定，以划拨方式取得土地使用权的，经批准转让房地产时，应由房地产转让者补缴契税。其计税依据为补缴的土地使用权出让费用或者土地收益。

以划拨方式承受的国有土地主要是：国家机关用地和军事用地；城市基础设施用地和公益事业用地；国家重点扶持的能源、交通、水利等项目用地；法律、法规规定的其他用地。

【例7-1】

2018年某天，A房地产开发公司的开发部负责人送交一份契税付款申请。按A公司所在城市的市政府2010年出台的文件规定，A公司承担的某开发项目住宅建筑面积20万平米，其中必须配建5%、1万平米廉租房。廉租房项目用地以划拨形式取得，共支付划拨地价款400万元。当地国土局通知A公司应缴纳契税620万元，其中廉租房项目用地应缴纳契税12万元。

《中华人民共和国契税暂行条例》条例第二条规定，“本条例所称转移土地、房屋权属是指下列行为：（一）国有土地使用权出让；（二）土地使用权转让，包括出售、赠与和交换；（三）房屋买卖；（四）房屋赠与；（五）房屋交换。”条例没有提及划拨土地，因此，取得划拨土地使用权属于不征税情形。财税〔2004〕134号文第二条规定，“先以划拨方式取得土地使用权，后经批准改为出让方式取得该土地使用权的，应依法缴纳契税，其计税依据为应补缴的土地出让金和其他出让费用。”取得划拨土地使用权属于不征税情形，因此，134号文第二条规定取得划拨土地转出让用地的纳税人，只就补缴的土地出让金和其他出让费用部分缴纳契税。

经上述分析，纳税人支付划拨地价款无须缴纳契税。如果A公司经营经济适用房、廉租房、公租房等缴纳了划拨土地款，应当无须缴纳契税。但如果有补缴的土地出让金和其他出让费用，则需就这部分缴纳契税。

7.2　将国有划拨用地改变土地性质为出让地时，未以补缴的土地出让价款为计税依据缴纳相应的契税

7.2.1　基本情况（见表7–2）

表 7–2　　改变国有划拨用地性质时未补缴相应契税的纳税风险分析

序号	税种	风险环节	风险要素	具体税收风险描述	风险易发行业
2	契税	申报缴税	征税对象	将国有划拨用地改变土地性质为出让地时，未以补缴的土地出让价款为计税依据缴纳相应的契税	所有产业

【基本规定】

《中华人民共和国契税法》第四条关于契税的计税依据为：

（一）土地使用权出让、出售，房屋买卖，为土地、房屋权属转移合同确定的成交价格，包括应交付的货币以及实物、其他经济利益对应的价款；

（二）土地使用权互换、房屋互换，为所互换的土地使用权、房屋价格的差额；

（三）土地使用权赠与、房屋赠与以及其他没有价格的转移土地、房屋权属行为，为税务机关参照土地使用权出售、房屋买卖的市场价格依法核定的价格。

《财政部 税务总局关于贯彻实施契税法若干事项执行口径的公告》（财政部 税务总局公告2021年第23号）第二条，关于若干计税依据的具体情形规定如下：

（一）以划拨方式取得的土地使用权，经批准改为出让方式重新取得该土地使用权的，应由该土地使用权人以补缴的土地出让价款为计税依据缴纳契税。

（二）先以划拨方式取得土地使用权，后经批准转让房地产，划拨土地性质改为出让的，承受方应分别以补缴的土地出让价款和房地产权属转移合同确定的成交价格为计税依据缴纳契税。

【例7–2】

2021年11月，国有企业A企业拥有划拨土地一块，经批准改为商业用地。补交出让金4 000万元；2021年12月，A企业与B房地产企

业签订转让合同，将该土地转让给B企业用于房地产开发，合同价款24 000万元。

则：

（1）A企业应当按补交的出让金4 000万元缴纳契税；

（2）B企业应当按双方签订的合同价格24 000万元缴纳契税。

7.3 在转让房屋和土地权属时，转让价格明显偏低且无正当理由导致少申报缴纳契税

7.3.1 基本情况（见表7-3）

表7-3 转让价格偏低且无正当理由导致少申报缴纳契税时的纳税风险分析

序号	税种	风险环节	风险要素	具体税收风险描述	风险易发行业
3	契税	申报缴税	计税依据	在转让房屋和土地权属时，转让价格明显偏低且无正当理由导致少申报缴纳契税	所有产业

7.3.2 基本规定

《中华人民共和国契税法》第四条规定了契税的计税依据：

（一）土地使用权出让、出售，房屋买卖，为土地、房屋权属转移合同确定的成交价格，包括应交付的货币以及实物、其他经济利益对应的价款；

（二）土地使用权互换、房屋互换，为所互换的土地使用权、房屋价格的差额；

（三）土地使用权赠与、房屋赠与以及其他没有价格的转移土地、房屋权属行为，为税务机关参照土地使用权出售、房屋买卖的市场价格依法核定的价格。

纳税人申报的成交价格、互换价格差额明显偏低且无正当理由的，由税务机关依照《中华人民共和国税收征收管理法》的规定核定。

《中华人民共和国契税暂行条例》第四条第二款：前款成交价格明显低于市场价格并且无正当理由的，由征收机关参照市场价格核定。

《财政部 国家税务总局关于推广应用房地产估价技术加强存量房交易税收征管工作的通知》（财税〔2011〕61号）规定：对于评估认定申报交易价格偏

低的，应进一步经过规定程序确认申报交易价格偏低是否有正当理由。有正当理由的，按申报交易价格征税；没有正当理由的，按核定计税价格征税。

【例7-3】

2017年11月，周某、王某向H市地税一分局申报其购买的位于H市某存量房交易契税款，申报表载明房屋建筑面积246.84m^2，合同成交价格250万元。因H市存量房交易纳税评估系统显示原告所购房屋的系统评估价为3 064 545.75元，根据H市地税局的相关文件要求"存量房交易价格评估值下浮比例原则上不超过10%"的规定，地税一分局认为原告申报价格250万元与下浮10%的评估值2 758 091.18元差距较大，初步核定原告申报的计税价格明显偏低。因此，H市地税启动评估程序，经有评估资质事务所评估后按照重新核定涉案房屋计税价格2 806 818元征收了契税。

7.4　按规定支付的土地出让金、土地补偿费、安置补助费、地上附着物、青苗补偿费、拆迁补偿费、市政建设配套费等未纳入计算缴纳契税

7.4.1　基本情况（见表7-4）

表 7-4　　按规定支付的费用等未纳入计算缴纳契税的纳税风险分析

序号	税种	风险环节	风险要素	具体税收风险描述	风险易发行业
4	契税	申报缴税	计税依据	按规定支付的土地出让金、土地补偿费、安置补助费、地上附着物、青苗补偿费、拆迁补偿费、市政建设配套费等未纳入计算缴纳契税	所有产业

7.4.2　基本规定

《中华人民共和国契税法》第四条规定，契税的计税依据为：①土地使用权出让、出售，房屋买卖，为土地、房屋权属转移合同确定的成交价格，包括应交付的货币以及实物、其他经济利益对应的价款；②土地使用权互换、房屋互换，为所互换的土地使用权、房屋价格的差额；③土地使用权赠与、房屋赠

与以及其他没有价格的转移土地、房屋权属行为，为税务机关参照土地使用权出售、房屋买卖的市场价格依法核定的价格。纳税人申报的成交价格、互换价格差额明显偏低且无正当理由的，由税务机关依照《中华人民共和国税收征收管理法》的规定核定。

【例7-4】

A房地产公司目前正在接受税务检查。税务检查人员发现，该公司在取得土地后，办理规划手续时，又缴纳了城市基础设施配套费3 000万元，但没有及时以此为计税依据申报补缴契税，遂要求补税并加收滞纳金。该公司会计小马感到很困惑，当初公司通过“招、拍、挂”拿地时已经按照土地成交价款全额缴过契税，应该不存在还要补税的问题。那么，城市基础设施配套费是否要作为契税计税依据呢？

城市基础设施配套费是城市人民政府有关部门为筹集城市市政公用基础设施建设资金所强制征收的一种政府性基金，按建设项目的建筑面积计征，专项用于城市基础设施和城市共用设施建设，包括城市道路、桥梁、公共交通、供水、燃气、污水处理、集中供热、园林、绿化、路灯和环境卫生等设施的建设。

以开发住宅小区为例，项目红线内的配套工程，叫小配套，需要由房地产企业自己来委托设计和施工；项目红线外的配套工程，叫大配套，由政府有关部门统一施工建设，资金来源就是城市基础设施配套费，所以城市基础设施配套费又叫大配套费。

还可参考一下企业所得税和会计成本核算的相关规定。《国家税务总局关于印发〈房地产开发经营业务企业所得税处理办法〉的通知》(国税发〔2009〕31号)第二十七条规定，开发产品计税成本支出中的土地征用费及拆迁补偿费，是指为取得土地开发使用权(或开发权)而发生的各项费用，主要包括土地买价或出让金、大市政配套费、契税、耕地占用税、土地使用费、土地闲置费、土地变更用途和超面积补交的地价及相关税费、拆迁补偿支出、安置及动迁支出、回迁房建造支出、农作物补偿费、危房补偿费等。这里的大市政配套费即大配套费，也就是现在的城市基础设施配套费。《财政部关于印发

〈企业产品成本核算制度（试行）〉的通知》（财会〔2013〕17号）第二十六条关于房地产企业成本项目中土地征用及拆迁补偿费具体内容的规定与国税发〔2009〕31号文件如出一辙。这都表明城市基础设施配套费属于房地产企业为取得土地使用权所支付的各项费用之一。

第8章

印花税纳税风险点案例分析

8.1 签订购销合同或具有合同性质的凭证（包括供应、预购、采购、购销结合及协作、调剂、补偿、易货等合同）在签订时未按购销金额依“购销合同”税目计税贴花。特别是调剂和易货合同，未包括调剂、易货的全额（另有规定的除外）

8.1.1 基本情况（见表8-1）

表8-1　　未依规定计税贴花时的纳税风险分析

序号	税种	风险环节	风险要素	具体税收风险描述	风险易发行业
1	印花税	申报缴税	征税对象	签订购销合同或具有合同性质的凭证（包括供应、预购、采购、购销结合及协作、调剂、补偿、易货等合同）在签订时未按购销金额依“购销合同”税目计税贴花。特别是调剂和易货合同，未包括调剂、易货的全额（另有规定的除外）	所有产业

8.1.2 基本规定

《中华人民共和国印花税法》第二条规定，该法所称应税凭证，是指该法所附“印花税税目税率表”列明的合同、产权转移书据和营业账簿。

《中华人民共和国印花税暂行条例施行细则》（财税字〔1988〕第255号）第四条第二款规定，具有合同性质的凭证，是指具有合同效力的协议、契约、合约、单据、确认书及其他各种名称的凭证。

【例8-1】

A公司是某空调品牌经销商，它垄断该品牌空调系列产品在某省的销售权。现假设主管税务机关没有将其纳入印花税核定征收管理范围。2019年度该纳税人共缴纳各种税目的印花税2 050元，其中购销合同税目印花税1 000元。

据了解，A公司的销售成本由向该品牌空调总部的采购成本构成，A公司的销售收入为向该省各地区的该品牌空调经销商批发该品牌空调系列产品的收入。该品牌空调总部、A公司及该省各地区经销商均为独立核算、自负盈亏的纳税人，各方之间的购销往来一般不签购销合同，以供货或提货及结算单据作为结算成本、计量收入的凭据。各方约定成俗，空调一经发货，无论存在质量问题与否，均不能退换货。

经认定，A公司与该品牌空调总部及该省各地区该品牌空调经销商之间的供货或提货及结算单据是具有合同性质的凭证，应按规定缴纳购销合同税目的印花税。A公司2019年度的利润表显示，其2019年度的销售收入为1.2亿元，销售成本为1亿元，则A公司2019年度进销额合计为2.2亿元，按规定应缴纳购销合同税目印花税6.6万元（220 000 000×0.3‰＝66 000元），而A公司实际仅缴纳购销合同税目的印花税1 000元，应缴和实缴之间相差6.5万元。A公司可能存在主观上的故意隐匿或客观上的疏忽遗漏致使购销合同税目印花税漏缴严重。

此问题如被税务机关检查发现，则必然要被追缴印花税税款，并面临加处罚款和滞纳金的问题。

8.2 房屋和土地使用权出让合同、转让合同未按照“产权转移书据”申报印花税

8.2.1 基本情况（见表8-2）

表8-2 房屋和土地使用权出让合同、转让合同未按照“产权转移书据”申报印花税时的纳税风险分析

序号	税种	风险环节	风险要素	具体税收风险描述	风险易发行业
2	印花税	申报缴税	税率税额	房屋和土地使用权出让合同、转让合同未按照“产权转移书据”申报印花税	所有行业

8.2.2 基本规定

《中华人民共和国印花税法》第一条规定，在中华人民共和国境内书立应税凭证、进行证券交易的单位和个人，为印花税的纳税人，应当依照该法规定缴纳印花税。第二条规定，该法所称应税凭证，是指该法所附“印花税税目税率表”列明的合同、产权转移书据和营业账簿。第五条规定，印花税的计税依据如下：（一）应税合同的计税依据，为合同所列的金额，不包括列明的增值税税款；（二）应税产权转移书据的计税依据，为产权转移书据所列的金额，不包括列明的增值税税款；（三）应税营业账簿的计税依据，为账簿记载的实收资本（股本）、资本公积合计金额；（四）证券交易的计税依据，为成交金额。

《财政部 国家税务总局关于印花税若干政策的通知》（财税2006年162号）规定：自2006年12月27日起，纳税人签订土地使用权出让合同、土地使用权转让合同，应按照“产权转移书据”税目征收印花税，税率为合同所记载金额的0.5‰。因此，公司签订的土地使用权出让合同须缴纳印花税，税率为合同所载金额的万分之五。

【例8-2】

母公司为一家房地产开发企业，和土地主管部门签署了《土地使用权出让合同》，几个月后成立了一家全资子公司对项目进行开发。国土部门、母公司和子公司三方签署了《土地使用权出让合同》补充协议，约定土地使用证最终办理在子公司名下。土地出让金已由母公司缴纳，土地出让金票据还未开具，后期会由土储部门直接开给子公

司。那么，土地出让合同及补充协议的印花税由谁缴纳？

解析：母公司拿地，子公司进行后续开发，虽然母公司已按照《土地使用权出让合同》缴纳土地出让金，但是最终土地证要办理在子公司名下，子公司才是土地的实际交易主体。根据业务实质分析，母公司不应该负担该印花税，应该由子公司根据产权转移书据缴纳印花税。

【例8-3】

某公司为一家房地产开发企业，和土地主管部门签署了《土地使用权出让合同》，土地性质为商业用地，已办理了土地使用证。后期由于各种原因，该地产公司要将商业用地变更为住宅用地，土地部门将商业用地收储并进行变性，重新走招拍挂流程，该地产公司摘得土地，并签署了新的《土地使用权出让合同》，缴纳了相应的土地出让金，那么，新签土地出让合同需要缴纳印花税吗？

解析：印花税属于行为税，对于该房地产开发企业两次和土地主管部门签署的《土地使用权出让合同》，应分别按照产权转移书据，即两份合同金额的万分之五分次缴纳印花税。

【例8-4】

2018年4月19日，福建世纪电缆有限公司与福建鼎宸建设集团有限公司（以下简称“鼎宸建设集团”）签订《资产转让合同》，合同标的座落在连江县经济开发区敖江园区1幢、2幢、科技研发楼、车间、车间四［闽（2017）连江县不动产权第0025436号，不动产单元号：350122-019005-GB00007-F00010001］（以下简称“不动产”），合同书立资产转让全部价款为125 296 000元（含税价）。

2018年4月10日，福建世纪电缆有限公司股东会决议，同意设立全资子公司“福建世纪鼎宸电缆有限公司”（以下简称“鼎宸电缆公司”）。2018年5月8日，鼎宸建设集团给福建世纪电缆有限公司出具指示函，要求将2018年4月19日签订的《资产转让合同》的被转让方变更为福建中深建设发展有限公司（以下简称“中深建设公司”）。2018年5月9日福建世纪电缆有限公司与中深建设公司签订《福建世纪鼎宸电缆有限公司股权转让协议》，以3 000万元将福建世纪电缆有限公司持有的鼎宸电缆公司100%股权转让给中深建设公司。

2018年5月11日，福建世纪电缆有限公司与鼎宸电缆公司签订《不动产转让合同》，将不动产转让给鼎宸电缆公司，合同金额67 923 809.52元。

福建世纪电缆有限公司在连江县市场监督管理局办理转让鼎宸电缆公司股权给中深建设公司的时点为2018年5月9日，在连江县不动产登记交易中心将不动产转让给鼎宸电缆公司时点为2018年5月11日。

根据2018年4月19日鼎宸建设集团与福建世纪电缆有限公司签订的《资产转让合同》，合同书立资产转让全部价款为125 296 000元（含税价）。根据双方指定收付款人银行账户交易情况、交易过程中双方签订的对账单、委托授权书情况、相关人员调查情况，福建世纪电缆有限公司、鼎宸电缆公司等五方签订《资产交易确认书》，以及2019年2月28日福建世纪电缆有限公司、鼎宸建设集团盖章确认对账单，确认2018年4月12日至2019年2月20日共计20笔转账共计金额125 296 000元，付款人为鼎宸建设集团指定的付款人员，收款人为福建世纪电缆有限公司指定的收款人员，上述往来款均是双方对《资产转让合同》的履行。

福建世纪电缆有限公司与鼎宸建设集团的一系列交易行为，实质是房产土地转让行为。双方交易的涉及金额是交易价款125 296 000元，而非福建世纪电缆有限公司向税务机关申报的67 923 809.52元。福建世纪电缆有限公司应以实际取得转让房产收入125 296 000元（含税）为计税依据，申报缴纳相关税费，福建世纪电缆有限公司少缴税款情况如下：增值税2 570 285.55元、城市维护建设税128 514.29元、土地增值税17 680 207.39元、印花税62 648元，福建世纪电缆有限公司少缴税款合计20 441 655.23元。

经国家税务总局福州市税务局第二稽查局税收违法案件集体审理委员会及国家税务总局福州市税务局重大案件审理委员会审理，根据《中华人民共和国税收征收管理法》第六十三条规定，对福建世纪电缆有限公司处以偷税金额合计20 441 655.23元百分之五十的罚款10 220 827.62元。

8.3 投资方股权变更，到市场监督管理局进行股权变更登记的，未到税务机关申报缴纳印花税

8.3.1 基本情况（见表8-3）

表 8-3 投资方股权变更，到市场监督管理局进行股权变更登记的，未到税务机关申报缴纳印花税的纳税风险分析

序号	税种	风险环节	风险要素	具体税收风险描述	风险易发行业
3	印花税	申报缴税	征税对象	投资方股权变更，到市场监督管理局进行股权变更登记的，未到税务机关申报缴纳印花税	所有行业

8.3.2 基本规定

《中华人民共和国印花税法》第五条第（三）项规定：应税营业账簿的计税依据，为账簿记载的实收资本（股本）、资本公积合计金额。第十一条规定：已缴纳印花税的营业账簿，以后年度记载的实收资本（股本）、资本公积合计金额比已缴纳印花税的实收资本（股本）、资本公积合计金额增加的，按照增加部分计算应纳税额。

《中华人民共和国印花税法》第五条第（二）项规定：应税产权转移书据的计税依据，为产权转移书据所列的金额，不包括列明的增值税税款。第六条规定：应税合同、产权转移书据未列明金额的，印花税的计税依据按照实际结算的金额确定。

【例8-5】

杭州某贸易公司，注册资本2 000万元，A股东持股比例50%，B股东持股比例50%，2021年5月31日有新C股东加入，决定转让30%的股权给新C股东；A股东原持股比例50%，也就是1 000万元（认缴出资额），现变更为持股比例35%，也就是700万元（认缴出资额）；B股东原持股比例50%，也就是1 000万元（认缴出资额），现变更为35%，也就是700万元（认缴出资额）；C股东新增加股份30%，也就是600万元（认缴出资额）；

杭州某贸易公司股权变更完成后，需要缴纳的印花税计算如下（以实际注册资本到位情况为准）：

A股东：300万元×0.05%÷2=750（元）

B股东：300万元×0.05%÷2=750（元）

C股东：600万元×0.05%÷2=1 500（元）

本次变更股权所需缴纳印花税合计为3 000元（股权转让双方均需缴纳印花税）。

【例8-6】

杭州某贸易公司，注册资本2 000万元，A股东持股比例50%，B股东持股50%，2021年5月31日决议将公司注册资本增加到8 000万元，同时有新C股东加入，并将持股30%的股权转让给新C股东；A股东原持股比例50%也就是1 000万元（认缴出资额），现变更为持股比例35%也就是2 800万元（认缴出资额）；B股东原持股比例50%也就是1 000万元（认缴出资额），现变更为持股比例35%也就是2 800万元（认缴出资额）；C股东新增加股份30%也就是2 400万元（认缴出资额）；

杭州某贸易公司工商变更完成后，需要缴纳的印花税计算如下（以实际注册资本到位情况为准）：

A股东：1 200万元×0.05%÷2=3 000（元）

B股东：1 200万元×0.05%÷2=3 000（元）

C股东：2 400万元×0.05%÷2=6 000（元）

本次变更股权所需缴纳印花税合计为12 000元（股权转让双方均需缴纳印花税）。

【例8-7】

股权变更款未缴印花税的税务稽查案例。

案情概况：

A公司是一家未上市的股份有限公司，公司股东李×是原始股东之一，公司成立时以5 000万元出资持有公司25%的股份。2012年6月李×出国发展，将名下A公司25%的股份以1.2亿元的价格悉数转让给王×。在对A公司的专项检查中，检查员就该转让业务检查纳税情况，发现公司留存文档中有李×已缴纳6万元印花税的依据，却没有王×缴纳印花税的凭证。经询问发现，王×未缴纳该笔印花税。税务局据此责成王×补缴印花税并处以罚款。

案情分析：

王×起初认为李×已经就1.2亿的转让标的全额缴纳了印花税，自己不必再缴一份。检查员解释说，根据印花税相关法规规定，两方或者两方以上当事人签订并各执一份凭证的，应当由各方就所执的一份各自全额粘花。也就是李×、王×都应分别就转让协议上的1.2亿元标的全额缴纳印花税。

接受了检查员的解释后，王×继续提出异议，认为他与李×签订的股权转让协议，受让的是A公司的股权，作为A公司的股东，这笔印花税当然应该由A公司来替他支付，这是公司财务人员的错，并以此理由不接受罚款处罚。

检查员再次解释，相关法规规定，产权转移书据由立据人贴花，作为股权转让协议的当事人，王×和李×才是该产权的转移书据印花税的纳税义务人，而A公司并没有纳税义务。

法规依据：

《中华人民共和国印花税法》第十条规定：同一应税凭证由两方以上当事人书立的，按照各自涉及的金额分别计算应纳税额。

《中华人民共和国税收征收管理法》第六十八条规定：纳税人、扣缴义务人在规定期限内不缴或者少缴应纳或者应解缴的税款，经税务机关责令限期缴纳，逾期仍未缴纳的，税务机关除依照本法第四十条的规定采取强制执行措施追缴其不缴或者少缴的税款外，可以处不缴或者少缴的税款百分之五十以上五倍以下的罚款。

《印花税暂行条例施行细则》第十六条规定，产权转移书据由立据人贴花，如未贴或者少贴印花，书据的持有人应负责补贴印花。所立书据以合同方式签订的，应由持有书据的各方分别按全额贴花。

处理结果：

根据相关规定，责成王×补缴印花税6万元，并处未贴印花税50%的罚款3万元。

【例8-8】

以案说法——股权购买资本溢价问题。

案情概况：

K公司为外资公司，主要业务为协助或代理公司所投资企业从国内外采购企业自用的机器设备、生产设备和生产所需的原材料、元器件、零部件及在国内外市场以代理或经销的方式销售所投资企业生产的产品，并提供售后服务等。公司2010年至2012年向境外母公司购买子公司股权，其收购的股权资本溢价为9 755万余元。K公司未在账上反映该部分资本公积增加，也未就该业务申报缴纳印花税。税务稽查员认为该资本公积的增加应当缴纳印花税，根据相关法规向K公司追缴印花税48 700余元，并加收滞纳金30 800余元，罚款24 300余元。

案情分析：

K公司的财务人员坦承因不重视印花税这样的小税种，没有及时了解相关政策更新情况，以为账册金额未发生变动就无须缴纳印花税。检查员详细解释了相关规定：财政部发布的《企业财务通则》和《企业会计准则》施行后，《中华人民共和国印花税暂行条例》税目税率表中“记载资金的账簿”的计税依据已不适用，国家税务总局进行了重新确定，“资本公积”属于印花税计税依据之一，其增加部分应补贴印花税。

法规依据：

《中华人民共和国印花税法》第二条规定：本法所称应税凭证，是指本法所附“印花税税目税率表”列明的合同、产权转移书据和营业账簿。第五条规定：印花税的计税依据如下：①应税合同的计税依据，为合同所列的金额，不包括列明的增值税税款；②应税产权转移书据的计税依据，为产权转移书据所列的金额，不包括列明的增值税税款；③应税营业账簿的计税依据，为账簿记载的实收资本（股本）、资本公积合计金额；④证券交易的计税依据，为成交金额。

《中华人民共和国印花税法》第六条规定：应税合同、产权转移书据未列明金额的，印花税的计税依据按照实际结算的金额确定。计税依据按照前款规定仍不能确定的，按照书立合同、产权转移书据时的市场价格确定；依法应当执行政府定价或者政府指导价的，按照国家有关规定确定。

《中华人民共和国印花税法》第七条规定：证券交易无转让价格的，按照办理过户登记手续时该证券前一个交易日收盘价计算确定计税依据；无收盘价的，按照证券面值计算确定计税依据。

《中华人民共和国印花税法》第十一条规定：已缴纳印花税的营业账簿，以后年度记载的实收资本（股本）、资本公积合计金额比已缴纳印花税的实收资本（股本）、资本公积合计金额增加的，按照增加部分计算应纳税额。

处理结果：

根据相关法规向K公司追缴印花税48 700余元，加收滞纳金30 800余元，罚款24 300余元。

税务建议：

随着经济社会发展，会出现原有税收法律、条例部分条款不适用的情况，此时要及时关注国家税务总局相关税收规定的更新，以补充和学习相关法律法规。

8.4　企业签订由受托方提供原材料的加工、定作合同，合同中不划分加工费金额与原材料金额的，没有按全部金额，依照“加工承揽合同”计税贴花。合同中分别记载加工费金额与原材料金额的，在签订时未分别按“加工承揽合同”“购销合同”计税合计贴花

8.4.1　基本情况（见表8-4）

表 8-4　未按规定贴花时的纳税风险分析

序号	税种	风险环节	风险要素	具体税收风险描述	风险易发行业
4	印花税	申报缴税	税率税目	企业签订由受托方提供原材料的加工、定作合同，合同中不划分加工费金额与原材料金额的，没有按全部金额，依照“加工承揽合同”计税贴花。合同中分别记载加工费金额与原材料金额的，在签订时未分别按“加工承揽合同”“购销合同”计税合计贴花	所有行业

8.4.2　基本规定

《中华人民共和国印花税法》第九条规定：同一应税凭证载有两个以上税

目事项并分别列明金额的，按照各自适用的税目税率分别计算应纳税额；未分别列明金额的，从高适用税率。

《国家税务局关于印花税若干具体问题的规定》（国税地字〔1988〕25号）规定，由受托方提供原材料的加工、定作合同，凡在合同中分别记载加工费金额与原材料金额的，应分别按“加工承揽合同”“购销合同”计税，两项税额相加数，即为合同应贴印花；合同中不划分加工费金额与原材料金额的应按全部金额，依照“加工承揽合同”计税贴花。加工承揽合同的计税依据为：

（1）受托方提供原材料及辅料，并收取加工费且分别注明的，原材料和辅料按购销合同计税贴花，加工费按加工承揽合同计税贴花。

（2）合同未分别记载原辅料及加工费金额的，一律就全部金额按加工承揽合同计税贴花。

（3）委托方提供原材料，受托方收取加工费及提供辅料，双方就加工费及辅料费按加工承揽合同计算贴花。

【例8-9】

一家金属制品制造生产企业，2021年7月与甲公司签订了一份委托加工合同，为甲公司加工生产一批产品，原材料50万元由金属制品制造生产企业提供，另外收取10万元加工费。请问金属制品制造生产企业这笔业务合同如何缴纳印花税？

金属制品制造生产企业作为受托方，既提供原材料，又收取加工费，原材料需要按照购销合同0.03%的税率计征印花税，加工费需要按照加工承揽合同0.05%的税率计征印花税。若原材料由委托方甲公司提供，金属制品制造生产企业只提供辅料、收取加工费，那么金属制品制造生产企业只需要以辅料与加工费的合计数，依照加工承揽合同计税贴花。对委托方提供的原料金额不计税贴花。

【例8-10】

某中学委托一服装厂加工校服，合同约定布料由学校提供，价值50万元，学校另支付加工费10万元，请问服装厂应缴纳印花税的计税依据是什么？

对于由委托方提供主料，受托方只提供辅料的加工合同，无论加工费和辅料是否分别记载，均以辅料与加工费的合计数，依照加工承揽合同计税贴花。对委托方提供的主料或原料金额不计税贴花。本案例中，委托方某中学提供原材料，受托方服装厂进行加工，因此，服装厂应以10万元加工费为计税依据，按加工承揽合同的税率计算印花税。

【例8-11】

案例概况：

A公司是一家加工制造企业，主营加工承揽业务。在部分业务中同时销售相应的原材料。对此类业务，财务人员认为可以自行选择印花税税目贴花，因此按照购销合同税目贴花。该公司财务负责人称：公司主要是加工承揽业务，由客户提供原材料。但也存在部分业务，客户没有原材料，由公司直接提供。对此类业务，公司将购销原材料内容和加工承揽劳务内容同时写入合同，该合同既是购销合同，又是加工承揽合同，应该可以自行先择适用何种印花税目贴花，因此该公司以合计金额按照购销合同贴印花税票。

政策规定：

《中华人民共和国印花税法》第一条规定：在中华人民共和国境内书立应税凭证、进行证券交易的单位和个人，为印花税的纳税人，应当依照本法规定缴纳印花税。在中华人民共和国境外书立在境内使用的应税凭证的单位和个人，应当依照本法规定缴纳印花税。

第二条规定：本法所称应税凭证，是指本法所附《印花税税目税率表》列明的合同、产权转移书据和营业账簿。

《中华人民共和国印花税法》第四条规定：印花税的税目、税率，依照本法所附《印花税税目税率表》执行。

《中华人民共和国印花税法》第五条规定：印花税的计税依据如下：①应税合同的计税依据，为合同所列的金额，不包括列明的增值税税款；②应税产权转移书据的计税依据，为产权转移书据所列的金额，不包括列明的增值税税款；③应税营业账簿的计税依据，为账簿记载的实收资本（股本）、资本公积合计金额；④证券交易的计税依据，为成交金额。

《中华人民共和国印花税法》第六条规定：应税合同、产权转移书据未列明金额的，印花税的计税依据按照实际结算的金额确定。计税依据按照前款规定仍不能确定的，按照书立合同、产权转移书据时的市场价格确定；依法应当执行政府定价或者政府指导价的，按照国家有关规定确定。

处罚结果：

检查员解释，加工承揽合同与购销合同印花税税率不相同，对于一个合同中同时包含两项内容的，相关政策法规已经做出了明确规定，企业应该按照规定贴花。税务稽查小组向该公司解释了相关政策法规，该公司承认存在错误，愿意补缴相应印花税并接受处罚。该公司被追缴印花税2 000余元，并被处罚款1 000余元。

8.5 企业已贴花的应税合同，在修改后增加所载金额的，未对增加金额部分补缴印花税。对已签订但未履行的合同未按规定缴纳印花税

8.5.1 基本情况（见表8–5）

表 8–5 未按规定补缴、缴纳印花税的纳税风险分析

序号	税种	风险环节	风险要素	具体税收风险描述	风险易发行业
5	印花税	申报缴税	计税依据	企业已贴花的应税合同，在修改后增加所载金额的，未对增加金额部分补缴印花税。对已签订但未履行的合同未按规定缴纳印花税	所有行业

8.5.2 基本规定

已贴印花的凭证，修改后增加金额，依据《印花税法》的规定，已贴花凭证，修改后所载金额增加的，其增加部分应补贴印花税票。

【例8–12】

近日，六合地税稽查局对某装潢设计企业进行税务检查时发现，该企业2018年2月与客户签订了一个项目，合同金额290万元，并按

照合同金额缴纳了印花税。但后来双方对设计的图纸进行了重大修改，实际工程决算金额只有245万元。在3月又签订了一个项目的合同，在申报印花税时，以上一个项目多缴印花税为由，冲减了合同金额45万元。

《中华人民共和国印花税法》第五条规定：应税合同的计税依据，为合同所列的金额，不包括列明的增值税税款。第六条规定：应税合同、产权转移书据未列明金额的，印花税的计税依据按照实际结算的金额确定。计税依据按照前款规定仍不能确定的，按照书立合同、产权转移书据时的市场价格确定；依法应当执行政府定价或者政府指导价的，按照国家有关规定确定。

《中华人民共和国印花税法》第十五条规定：印花税的纳税义务发生时间为纳税人书立应税凭证或者完成证券交易的当日。证券交易印花税扣缴义务发生时间为证券交易完成的当日。

8.6　税率税目适用错误风险。同一凭证，因载有两个或者两个以上经济事项而适用不同税目税率的，若分别记载金额的，应分别计算应纳税额，相加后按合计税额贴花；若未分别记载金额的，按税率高的计税贴花

8.6.1　基本情况（见表8-6）

表 8-6　　税率税目适用错误纳税风险分析

序号	税种	风险环节	风险要素	具体税收风险描述	风险易发行业
6	印花税	申报缴税	税率税目	税率税目适用错误风险。同一凭证，因载有两个或者两个以上经济事项而适用不同税目税率的，若分别记载金额的，应分别计算应纳税额，相加后按合计税额贴花；若未分别记载金额的，按税率高的计税贴花	所有行业

8.6.2　基本规定

《中华人民共和国印花税法》第四条规定：印花税的税目、税率，依照该法所附“印花税税目税率表”执行。“印花税税目税率表”如表8-7所示。

《中华人民共和国印花税法》第九条规定：同一应税凭证载有两个以上税目事项并分别列明金额的，按照各自适用的税目税率分别计算应纳税额；未分别列明金额的，从高适用税率。

《中华人民共和国印花税法》第十条规定：同一应税凭证由两方以上当事人书立的，按照各自涉及的金额分别计算应纳税额。

表 8–7　　　　印花税税目税率表

税目		税率	备注
合同（指书面合同）	借款合同	借款金额的万分之零点五	指银行业金融机构、经国务院银行业监督管理机构批准设立的其他金融机构与借款人（不包括同业拆借）的借款合同
	融资租赁合同	租金的万分之零点五	
	买卖合同	价款的万分之三	指动产买卖合同（不包括个人书立的动产买卖合同）
	承揽合同	报酬的万分之三	
	建设工程合同	价款的万分之三	
	运输合同	运输费用的万分之三	指货运合同和多式联运合同（不包括管道运输合同）
	技术合同	价款、报酬或者使用费的万分之三	不包括专利权、专有技术使用权转让书据
	租赁合同	租金的千分之一	
	保管合同	保管费的千分之一	
	仓储合同	仓储费的千分之一	
	财产保险合同	保险费的千分之一	不包括再保险合同
产权转移书据	土地使用权出让书据	价款的万分之五	转让包括买卖（出售）、继承、赠与、互换、分割
	土地使用权、房屋等建筑物和构筑物所有权转让书据（不包括土地承包经营权和土地经营权转移）	价款的万分之五	
	股权转让书据（不包括应缴纳证券交易印花税的）	价款的万分之五	
	商标专用权、著作权、专利权、专有技术使用权转让书据	价款的万分之三	

续表

税目	税率	备注
营业账簿	实收资本（股本）、资本公积合计金额的万分之二点五	
证券交易	成交金额的千分之一	

【例8-13】

甲公司与乙公司签订货物买卖仓储合同，合同内容包括：

甲公司将货物销售给乙公司，货物买卖总价款113万元，并注明不含税金额100万元，增值税13万元，则合同计税依据为100万元。甲公司和乙公司分别以100万元按买卖合同万分之三的税率计算缴纳印花税。

货物仓储总费用1.06万元，并注明不含税金额1万元，增值税0.06万元。

则合同计税依据为1万元。甲公司和乙公司分别以1万元按仓储合同千分之一的税率计算缴纳印花税。

【例8-14】

甲公司与乙公司签订货物买卖仓储合同，合同未分别注明货物买卖价款和仓储服务价款，只注明总价款114.06万元，则合同计税依据为114.06万元。甲公司和乙公司分别以114.06万元按仓储合同千分之一的税率计算缴纳印花税。

【例8-15】

甲公司将货物销售给乙公司，货物买卖总价款113万元，并注明不含税金额100万元，增值税13万元，则合同计税依据为100万元。甲公司和乙公司分别以100万元按买卖合同万分之三的税率计算缴纳印花税。

【例8-16】

丙公司为乙公司运输货物，运输服务总价款5.45万元，丙注明不含税金额5万元，增值税0.45万元，则合同计税依据为5万元。丙公司和乙公司分别以5万元按运输合同万分之三的税率计算缴纳印花税。

8.7 签订无金额的框架合同时未贴印花税或仅贴5元印花，实际结算时未按规定补贴印花税

8.7.1 基本情况（见表8-8）

表 8-8 未按规定补贴印花税时的纳税风险分析

序号	税种	风险环节	风险要素	具体税收风险描述	风险易发行业
7	印花税	申报缴税	计税依据	签订无金额的框架合同时未贴印花税或仅贴5元印花，实际结算时未按规定补贴印花税	所有行业

8.7.2 基本规定

《中华人民共和国印花税法》第一条规定：在中华人民共和国境内书立应税凭证、进行证券交易的单位和个人，为印花税的纳税人，应当依照该法规定缴纳印花税。第二条规定：本法所称应税凭证，是指该法所附“印花税税目税率表”列明的合同、产权转移书据和营业账簿。第五条规定，印花税的计税依据如下：（一）应税合同的计税依据，为合同所列的金额，不包括列明的增值税税款；（二）应税产权转移书据的计税依据，为产权转移书据所列的金额，不包括列明的增值税税款；（三）应税营业账簿的计税依据，为账簿记载的实收资本（股本）、资本公积合计金额；（四）证券交易的计税依据，为成交金额。第六条规定：应税合同、产权转移书据未列明金额的，印花税的计税依据按照实际结算的金额确定。计税依据按照前款规定仍不能确定的，按照书立合同、产权转移书据时的市场价格确定；依法应当执行政府定价或者政府指导价的，按照国家有关规定确定。

根据《中华人民共和国印花税暂行条例施行细则》（财税字〔1988〕255号）第四条规定：“条例第二条所说的合同，是指根据《中华人民共和国经济合同法》《中华人民共和国涉外经济合同法》和其他有关合同法规订立的合同。具有合同性质的凭证，是指具有合同效力的协议、契约、合约、单据、确认书及

其他各种名称的凭证。”

《国家税务总局关于印花税若干具体问题的规定》(国税地字〔1988〕25号)第四条关于“有些技术合同、租赁合同等，在签订时不能计算金额的，如何贴花”规定，有些合同在签订时无法确定计税金额，如技术转让合同中的转让收入，是按销售收入的一定比例收取或是按实现利润分成的；财产租赁合同，只是法规了月(天)租金标准而却无租赁期限的。对这类合同，可在签订时先按定额5元贴花，以后结算时在按实际金额计税，补贴印花。

根据上述规定，印花税应税合同中未约定具体金额的，在签订时先按定额5元贴花，以后结算时在按实际金额计税，补贴印花。

【例8-17】

某电厂与电网公司签订的购销合同中，只规定了上网电价和计划电量，该电厂在缴纳印花税时应如何计算?

解:《国家税务总局关于印花税若干具体问题的规定》(国税地字〔1988〕25号)规定，有些合同在签订时无法确定计税金额，如技术转让合同中的转让收入，是按销售收入的一定比例收取或是按实现利润分成的；财产租赁合同，只是规定了月(天)租金标准而却无租赁期限的，对这类合同，可在签订时先按定额5元贴花，以后结算时在按实际金额计税，补贴印花。

因此，电厂应在签订合同时贴花，如果无法确定计税金额，可在签订时先按定额5元贴花，以后结算时再按实际金额计税，补贴印花。

第 9 章 城镇土地使用税纳税风险点案例分析

9.1 取得土地使用权后，未按规定及时、准确进行税源信息登记，未申报城镇土地使用税

9.1.1 基本情况（见表9-1）

表 9-1 取得土地使用权后，未按规定及时、准确进行税源信息登记，未申报城镇土地使用税时的纳税风险分析

序号	税种	风险环节	风险要素	具体税收风险描述	风险易发行业
1	城镇土地使用税	税源登记	征税对象	取得土地使用权后，未按规定及时、准确进行税源信息登记，未申报城镇土地使用税	所有行业

9.1.2 基本规定

《中华人民共和国城镇土地使用税暂行条例》（国务院令第483号）第九条规定：新征用的土地，依照下列规定缴纳土地使用税：

（1）征用的耕地，自批准征用之日起满1年时开始缴纳土地使用税；

（2）征用的非耕地，自批准征用次月起缴纳土地使用税。

《财政部 国家税务总局关于房产税 城镇土地使用税有关政策的通知》（财

税〔2006〕186号）第二条规定：关于有偿取得土地使用权城镇土地使用税纳税义务发生时间问题，以出让或转让方式有偿取得土地使用权的，应由受让方从合同约定交付土地时间的次月起缴纳城镇土地使用税；合同未约定交付土地时间的，由受让方从合同签订的次月起缴纳城镇土地使用税。

《国家税务总局关于通过招拍挂方式取得土地缴纳城镇土地使用税问题的公告》（国家税务总局公告2014年第74号）规定：通过招标、拍卖、挂牌方式取得的建设用地，不属于新征用的耕地，纳税人应按照《财政部 国家税务总局关于房产税 城镇土地使用税有关政策的通知》（财税〔2006〕186号）第二条规定，从合同约定交付土地时间的次月起缴纳城镇土地使用税；合同未约定交付土地时间的，从合同签订的次月起缴纳城镇土地使用税。

《财政部 国家税务总局关于房产税 城镇土地使用税有关问题的通知》（财税〔2008〕152号）第三条规定：纳税人因房产、土地的实物或权利状态发生变化而依法终止房产税、城镇土地使用税纳税义务的，其应纳税款的计算应截止到房产、土地的实物或权利状态发生变化的当月末。

【例9-1】

2011年7月12日峨眉山市地方税务局稽查局对被告单位峨眉山市某某房地产开发有限公司（法定代表人，邹某某）从2006年1月1日至2010年12月31日涉税情况进行检查，发现该公司于2005年11月9日通过参加公开拍卖竞价购买的一宗位于峨眉山市胜利镇××村2组，面积为13 733.41平方土地未开发，应缴城镇土地使用税178 534.33元，但税款全部都未申报缴纳。峨眉山市地方税务局于2012年10月31日对被告公司作出行政处罚，要求补缴178 534.33元税款并处罚款89 267.17元，被告公司在经两次催收后仍拒不缴纳税款和罚款。

至2014年7月20日止，被告公司仍未对上诉该宗土地向地税稽查局申报缴纳2011年1月至2013年12月期间的城镇土地使用税123 600.69元。被告公司从2006年至2013年期间应缴而未缴城镇土地使用税共计302 135.02元。

后公诉机关将被告公司诉至四川省峨眉山市人民法院（诉讼中，被告人邹某某的家人为其代缴纳了150 000元的税款及个人罚金），法院判决如下：

一、被告单位峨眉山市某某房地产开发有限公司犯逃税罪，判处罚金人民币五万元（罚金在判决生效后三个月内交纳，逾期将依法强制交纳）。

二、被告人邹某某犯逃税罪，判处有期徒刑一年二个月，缓刑三年，并处罚金人民币二万元（已交纳）（缓刑考验期限，从判决确定之日起计算）。

【例9-2】

近日，深圳市地方税务局第二稽查局对辖区内某公司实施税务稽查时发现，该公司存在占用应税土地未按规定申报缴纳城镇土地使用税的行为。第二稽查局对该公司的行为作出了追补税款、加收滞纳金的决定。

在对该公司实施稽查的过程中，稽查人员发现该公司持有的自用房产占用应税土地却未申报缴纳城镇土地使用税，经询问公司财务人员并调取土地租用合同、纳税记录等证据材料后，得知该公司租用某处土地获得该土地使用权，并在其上建造自用房产，该土地租用期为三十年，已于稽查年度内到期，但该房产仍属于该公司并由该公司继续使用。该公司在土地租用期到期前每年均已按规定申报缴纳城镇土地使用税，到期后，却误认为自身不拥有该土地使用权，便不需要继续申报缴纳城镇土地使用税，造成少缴税款的情况。经过稽查人员的纳税辅导，公司财务人员认识到该土地使用权到期后其房产仍占用该土地，因此该公司仍为该土地的实际使用人，应按规定申报缴纳城镇土地使用税，表示将积极补缴相应的税款及滞纳金。

【例9-3】

近日，深圳市地税局第五稽查局对某制造业企业实施稽查时，发现该公司存在未按规定申报缴纳房产税、城镇土地使用税的问题，遂依法追补了其少缴纳的税款并处相应罚款、加收滞纳金，三项合计48.74万元。

据了解，该公司使用的生产厂房及员工宿舍由其前身某“三来一补”企业向村委租地，香港母公司出资兴建，所有费用支出均在香港母公司核算，房屋所有人为香港母公司，无偿提供给深圳公司使用。

经核实，该房产原值为598.86万元，土地面积25 000平方米，该公司为实际使用人，未按规定申报缴纳相关税款，造成检查年度应申报缴纳而少申报缴纳房产税10.06万元、城镇土地使用税15万元。针对上述违法事实，深圳市地税局第五稽查局依法作出了处理。

9.2　申报的城镇土地使用税面积少于土地信息登记面积或土地面积发生变化未及时报告修改税源信息，导致城镇土地使用税申报不实

9.2.1　基本情况（见表9–2）

表 9–2　　城镇土地使用税申报不实的纳税风险分析

序号	税种	风险环节	风险要素	具体税收风险描述	风险易发行业
2	城镇土地使用税	税源登记	计税依据	申报的城镇土地使用税面积少于土地信息登记面积或土地面积发生变化未及时报告修改税源信息，导致城镇土地使用税申报不实	所有行业

9.2.2　基本规定

《中华人民共和国城镇土地使用税暂行条例》的规定，土地使用税以纳税人实际占用的土地面积为计税依据，依照规定税额计算征收。在《深圳市地方税务局关于城镇土地使用税有关问题的通知》（深地税发〔2008〕269号）文中，对有关纳税人土地占地面积核定的问题明确为对于两层以上的房屋，纳税人计算土地使用税所依据的占地面积按照以下顺序核定：

1.土地使用权证书、房地产证上记载的用地面积；

2.土地使用费登记证（或通知书）上记载的征收面积；

3.相关的房地产权属资料、合同记载的用地面积；

4.建筑面积 ÷ 楼房总层数；

5.建筑面积 ÷ 容积率。

【例9–4】

市地税局第二稽查局在对某公司进行稽查的过程中，发现该公司存

在房产更新未及时处理，少申报缴纳城镇土地使用税157万余元的行为。第二稽查局对该公司的行为做出追补税款及加收滞纳金、罚款的决定。

稽查人员在比对该公司固定资产账簿与房产税纳税记录时候发现，该公司在计算缴纳城镇土地使用税时，没有按照其占有土地的宗地面积足额申报纳税，另外，部分早年购置的土地产权未在账上记载，造成漏缴税款的情况。在询问公司财务人员相关情况后，检查人员到房屋产权登记中心取得该公司产权资料和土地登记信息，到国土部门取得了相关的土地转让合同，并结合股权评估报告等资料，确定了该公司准确的应税土地面积。经过稽查人员耐心的纳税辅导，公司财务人员认识到了申报缴纳土地使用税时存在的错误，表示将积极缴纳相应的税款、滞纳金及罚款。

【例9–5】

2004年3月，淄博万达包装印刷物资有限公司从淄博市国土资源局取得了一宗土地，当月取得了土地使用权证，土地使用权证载明面积为33 549.00平方米（50.32亩）。但是淄博万达包装印刷物资有限公司取得土地使用权证后，因为拆迁、迁坟事宜纠纷不断，其实际使用面积只有12亩，其他土地面积未能使用。致使土地使用权证登记的面积与实际交付给被上诉人占有使用的土地面积不一致。

2015年淄博市地方税务局张店分局稽查局税务检查时发现该企业未缴纳土地使用税，提出按土地使用权证载明面积为33 549.00平方米（50.32亩）计征土地使用税并作出《税务行政处罚事项告知书》。淄博万达包装印刷物资有限公司提出，公司实际使用面积仅12亩，其他的未使用不该计征土地使用税。

该案一审企业胜诉，淄博市税务局第一稽查局不服再次提起上诉，二审的结果仍是企业胜诉。我们来分析下为什么淄博市税务局第一稽查局上诉到二审还是败诉。

淄博市税务局第一稽查局在本案的上诉理由坚持认为，土地使用权证所载土地面积为企业实际占用面积，取得土地使用权证代表行使了物权，其后又与第三方产生的纠纷以及城镇土地使用税的纳税义务没有任何关联性。上诉败诉恰恰是淄博市税务局第一稽查局忽略了土地使用税计税依据确定的顺序：

《中华人民共和国城镇土地使用税暂行条例》第三条规定，土地使用税以纳税人实际占用的土地面积为计税依据，依照规定税额计算征收。土地占用面积的组织测量工作，由省、自治区、直辖市人民政府根据实际情况确定。

《国家税务局关于印发〈关于土地使用税若干具体问题的解释和暂行规定〉的通知》（国税地字〔1988〕15号）第六条规定：纳税人实际占用的土地面积，是指由省、自治区、直辖市人民政府确定的单位组织测定的土地面积。尚未组织测量，但纳税人持有政府部门核发的土地使用证书的，以证书确认的土地面积为准；尚未核发土地使用证书的，应由纳税人据实申报土地面积。

根据上述文件规定，土地使用税计税依据强调的是实际占用面积，文件规定实际占用面积按以下顺序确定：

第一顺序：按省、自治区、直辖市人民政府确定的单位组织测定的土地面积。

第二顺序：尚未组织测量，以土地使用证书确认的土地面积为准。

第三顺序：尚未核发土地使用证书的，应由纳税人据实申报土地面积。

也就是说，土地使用证所载面积不是土地使用税计税面积的第一顺序，而是排在了第二顺序。

9.3　企业因房产、土地的实物或权利状态发生变化应依法终止城镇土地使用税纳税义务的，未及时办理义务终止

9.3.1　基本情况（见表9–3）

表9–3　　未及时办理城镇土地使用税义务终止时的纳税风险分析

序号	税种	风险环节	风险要素	具体税收风险描述	风险易发行业
3	城镇土地使用税	税源登记	纳税义务	企业因房产、土地的实物或权利状态发生变化应依法终止城镇土地使用税纳税义务的，未及时办理义务终止	所有行业

9.3.2 基本规定

《中华人民共和国城镇土地使用税暂行条例》(国务院令第483号)第九条规定，新征用的土地，依照下列规定缴纳土地使用税：

1.征用的耕地，自批准征用之日起满1年时开始缴纳土地使用税；

2.征用的非耕地，自批准征用次月起缴纳土地使用税。

《财政部 国家税务总局关于房产税 城镇土地使用税有关政策的通知》(财税〔2006〕186号)第二条规定：关于有偿取得土地使用权城镇土地使用税纳税义务发生时间问题，以出让或转让方式有偿取得土地使用权的，应由受让方从合同约定交付土地时间的次月起缴纳城镇土地使用税；合同未约定交付土地时间的，由受让方从合同签订的次月起缴纳城镇土地使用税。

《国家税务总局关于通过招拍挂方式取得土地缴纳城镇土地使用税问题的公告》(国家税务总局公告2014年第74号)规定：通过招标、拍卖、挂牌方式取得的建设用地，不属于新征用的耕地，纳税人应按照《财政部 国家税务总局关于房产税 城镇土地使用税有关政策的通知》(财税〔2006〕186号)第二条规定，从合同约定交付土地时间的次月起缴纳城镇土地使用税；合同未约定交付土地时间的，从合同签订的次月起缴纳城镇土地使用税。

《财政部 国家税务总局关于房产税 城镇土地使用税有关问题的通知》(财税〔2008〕152号)第三条规定：纳税人因房产、土地的实物或权利状态发生变化而依法终止房产税、城镇土地使用税纳税义务的，其应纳税款的计算应截止到房产、土地的实物或权利状态发生变化的当月末。实践中，税务机关和纳税人对“房产、土地的实物或权利状态发生变化”理解不一，造成了征纳双方分歧。尤其是对于房地产开发企业，其土地使用税纳税义务的截止时间各省税务机关存在不同规定。导致实务中存在多种口径：以合同签订时间为准、以产权权属变更、以实际交房为准、以取得预售许可证为。

1.按合同的：《广西壮族自治区地方税务局关于房地产企业城镇土地使用税纳税义务终止时间的通知》(桂地税字〔2009〕117号)规定：根据《财政部 国家税务总局关于房产税城镇土地使用税有关问题的通知》(财税〔2008〕152号)“纳税人因房产、土地的实物或权利状态发生变化而依法终止房产税、城镇土地使用税纳税义务的，其应纳税款的计算应截止到房产、土地的实物或权利状态发生变化的当月末。”的规定，结合我区的现实，对房地产开发企业建造的商品房用地，在商品房出售之前，应依照规定征收城镇土地使用税；终止缴纳的时间应以商品房出售双方签订销售合同生效的次月起（根据《国家税务总局广西壮族自治区税务局公告2020年第1号废止》）。

2.按产权变更的：《河南省地方税务局关于印发〈河南省地方税务局房地产开发企业城镇土地使用税征收管理办法〉的通知》（豫地税发〔2006〕84号）第七条规定：房地产开发企业城镇土地使用税纳税人，开发商品房已经销售的，应自房屋交付使用之次月，按照交付使用商品房屋的建筑面积所应分摊的土地面积相应调减应税土地面积。房屋交付使用，是指房地产开发企业按照售房合同的规定，将房屋已销售给购房人且购房人已办理了房屋土地使用权证或者房屋产权证，房屋所占有的土地已发生实际转移的行为。对购房人非个人原因无法及时取得土地使用权证或房屋产权证的，只要房地产开发企业按照销售合同的规定，已将房屋销售发票全额开付给购房人且购房人的购房款项已全部结清，或者已将房屋的钥匙交付给购房人，经主管税务机关审查同意后，也可视同为房屋已交付使用。

3.按交房的：

（1）根据《海南省地方税务局关于购销新建商品房城镇土地使用税有关问题的公告》（琼地税公告〔2017〕4号）第一条的规定：房地产开发企业销售新建商品房，应税土地的城镇土地使用税纳税义务截止时间为《商品房买卖合同》或其他协议文件约定房屋交付使用的当月末……如房地产开发企业未能按《商品房买卖合同》或其他协议文件约定时间交付使用的，房地产开发企业城镇土地使用税纳税义务截止时间为房屋实际交付使用的当月末……第二条规定：房地产开发企业销售新建商品房应自交付使用之次月起，按相应比例核减应税土地面积。

（2）根据《安徽省地方税务局关于若干税收政策问题的公告》（安徽省地方税务局公告2012年第2号）第五条的规定：房地产开发企业销售新建商品房的城镇土地使用税纳税义务截止时间，为房屋交付使用的当月末。房屋交付使用的时间为合同约定时间。未按合同约定时间交付使用的，为房屋的实物或权利状态发生变化的当月末。房地产开发企业房地产开发用地城镇土地使用税征收截止时间应为《商品房买卖合同》或其他协议文件约定房屋交付的当月末；未按《商品房买卖合同》或其他协议文件约定时间交付房屋的，城镇土地使用税征收截止时间为房屋实际交付的当月末。

（3）《西安市地方税务局关于明确房地产开发企业 房地产开发用地城镇土地使用税征收起止时间有关问题的通知》（西地税发〔2009〕248号）的规定：房地产开发企业房地产开发用地城镇土地使用税征收截止时间应为《商品房买卖合同》或其他协议文件约定房屋交付的当月末；未按《商品房买卖合同》或其他协议文件约定时间交付房屋的，城镇土地使用税征收截止时间为房屋实际交付的当月末。房地产开发企业商品房销售期间，应逐月统计已交付和未交付部分，并按建筑面积比例分摊计算当月应缴纳土地使用税。

4.按照交钥匙的：根据《青岛市地方税务局关于明确房地产企业商品房开发期间城镇土地使用税有关问题的通知》（青地税函〔2009〕128号）第二条的规定：纳税义务的截止时间房地产企业开发商品房已经销售的，土地使用税纳税义务的截止时间为商品房实物或权利状态发生变化即商品房交付使用的当月末。商品房交付使用，是指房地产企业将已建成的房屋转移给买受人占有，其外在表现主要是将房屋的钥匙交付给买受人。

5.按取得预售许可证的：广州市地方税务局《房产税、城镇土地使用税若干业务问题的征税指引》（穗地税税一函〔2010〕9号）第二条规定，关于房地产开发用地的城镇土地使用税如何计征的问题。房地产开发企业从事商品房开发，其开发用地城镇土地使用税纳税义务截至时间为预售（销售）许可证的核发时间的当月末。

6.原文表述的：《安徽省地方税务局关于若干税收政策问题的公告》（安徽省地方税务局公告2012年第2号）第六条规定，房地产开发项目中公共配套设施占地的城镇土地使用税纳税义务截止时间，为该公共配套设施的实物或权利状态发生变化的当月末。

【例9-6】

甲公司从事房地产开发经营业务，开发的位于A地块第一期住宅楼占地面积7.5万平方米。2016年7月，一期住宅楼完工交付使用并对外销售。

依据房屋购销合同和测绘部门提供的土地占用面积，甲公司在7月、8月、9月销售房屋对应的土地占用面积分别为1.5万平方米、1万平方米和0.9万平方米。至2016年9月，甲公司已向房地产管理部门集中办理个人土地使用证，各月汇总土地占用面积分别减少1.2万平方米、1.1万平方米和0.8万平方米。该地块城镇土地使用税每平方米5元/年。

甲公司拟申报2016年第3季度第一期地块城镇土地使用税，计算各月应纳税额。

7月应缴税金=（7.5–1.2）×5÷12=2.63（万元）

8月应缴税金=（7.5–1.2–1.1）×5÷12=2.17（万元）

9月应缴税金=（7.5–1.2–1.1–0.8）×5÷12=1.83（万元）

合计应申报税金6.63万元。

审计人员认为，甲公司申报城镇土地使用税计算方法错误。根据《财政部 国家税务总局关于房产税 城镇土地使用税有关问题的通知》（财税〔2008〕152号）规定，纳税人因房产、土地的实物或权利状态发生变化而依法终止房产税、城镇土地使用税纳税义务的，其应纳税额的计算应截止到房产、土地的实物或权利状态发生变化的当月末。

首先，计算终止纳税义务时间错误。甲公司在7月、8月、9月销售A地块第一期住宅楼，其土地权属已发生变化，而不能以9月实际办理土地使用权证时间确认土地权属变化。

其次，计税依据错误。在计算城镇土地使用税时，应遵循当减不减原则。当月减少的面积，当月仍应计算应纳税额，即以各月期初实际占用土地面积为计税依据。

按上述分析，计算甲公司各月应纳税额：

7月应缴税金=7.5×5÷12=3.13（万元）

8月应缴税金=（7.5–1.5）×5÷12=2.50（万元）

9月应缴税金=（7.5–1.5–1）×5÷12=2.08（万元）

2016年第3季度合计应申报税金7.71万元，少申报1.08（7.71–6.63）万元。调整会计分录：

借：管理费用　　10 800

　　贷：应交税费——应交城镇土地使用税　　10 800

9.4 企业同时拥有应税土地和免税土地，征免界限划分不清，错误申报缴税

9.4.1 基本情况（见表9-4）

表9-4 企业同时拥有应税土地和免税土地，错误申报缴税时的纳税风险分析

序号	税种	风险环节	风险要素	具体税收风险描述	风险易发行业
4	城镇土地使用税	税源登记	征税对象	企业同时拥有应税土地和免税土地，征免界限划分不清，错误申报缴税	所有行业

9.4.2 基本规定

《中华人民共和国城镇土地使用税暂行条例》第二条规定：在城市、县城、建制镇、工矿区范围内使用土地的单位和个人，为城镇土地使用税（以下简称“土地使用税”）的纳税人，应当依照该条例的规定缴纳土地使用税。前款所称单位，包括国有企业、集体企业、私营企业、股份制企业、外商投资企业、外国企业以及其他企业和事业单位、社会团体、国家机关、军队以及其他单位；所称个人，包括个体工商户以及其他个人。

《中华人民共和国城镇土地使用税暂行条例》第六条规定，下列土地免缴土地使用税：（一）国家机关、人民团体、军队自用的土地；（二）由国家财政部门拨付事业经费的单位自用的土地；（三）宗教寺庙、公园、名胜古迹自用的土地；（四）市政街道、广场、绿化地带等公共用地；（五）直接用于农、林、牧、渔业的生产用地；（六）经批准开山填海整治的土地和改造的废弃土地，从使用的月份起免缴土地使用税5年至10年；（七）由财政部另行规定免税的能源、交通、水利设施用地和其他用地。

《国家税务局关于土地使用税若干具体问题的解释和暂行规定》（国税地字〔1988〕第15号）第十条关于免税单位自用土地的解释：国家机关、人民团体、军队自用的土地，是指这些单位本身的办公用地和公务用地。事业单位自用的土地，是指这些单位本身的业务用地。宗教寺庙自用的土地，是指举行宗教仪式等的用地和寺庙内的宗教人员生活用地。公园、名胜古迹自用的土地，是指供公共参观游览的用地及其管理单位的办公用地。以上单位的生产、营业用地和其他用地，不属于免税范围，应按规定缴纳土地使用税。

《国家税务局关于土地使用税若干具体问题的解释和暂行规定》（国税地字〔1988〕第15号）第十一条关于直接用于农、林、牧、渔业的生产用地的解释：直接用于农、林、牧、渔业的生产用地，是指直接从事于种植、养殖、饲养的专业用地，不包括农副产品加工场地和生活、办公用地。

《国家税务局关于土地使用税若干具体问题的解释和暂行规定》（国税地字〔1988〕第15号）第十二条关于征用的耕地与非耕地的确定：征用的耕地与非耕地，以土地管理机关批准征地的文件为依据确定。

《国家税务局关于土地使用税若干具体问题的解释和暂行规定》（国税地字〔1988〕第15号）第十三条关于开山填海整治的土地和改造的废弃土地及其免税期限的确定：开山填海整治的土地和改造的废弃土地，以土地管理机关出具的证明文件为依据确定；具体免税期限由各省、自治区、直辖市税务局在土地使用税暂行条例规定的期限内自行确定。

【例9-7】

案情概览：

2005年2月21日，原告青岛丽东化工有限公司与青岛经济技术开发区国土资源局签订了一份《国有土地使用权出让合同》，合同约定青岛经济技术开发区国土资源局出让给原告面积为1 041 689平方米的宗地（包括海域）。

2005年11月3日，双方签订补充合同，将国有土地使用权出让面积调整为1 014 199平方米，其中734 650.14平方米土地和138 648平方米土地经青岛市地方税务局黄岛（经济技术开发）分局批准免征土地使用税至2015年。

2012年1月6日，原告取得了涉案土地“青房地权市字第××号”土地证，该证载明了涉案土地使用面积为140 900.86平方米，使用年限自2005年2月21日至2055年2月20日。

2012年1月31日，青岛市国土资源和房屋管理局黄岛国土资源分局出具2012-002号证明：根据青房地权市字第××号房地产权证及青岛丽东化工有限公司提供的回填工程施工合同，青岛丽东化工有限公司受让的位于辽河路南，面积为140 900.86平方米原为国有滩涂用地，现已由该公司自行回填，因此青岛丽东化工有限公司受让的上述

140 900.86平方米土地为填海造地。

截至2011年12月31日，原告未对上述土地申报缴纳土地使用税。

2014年4月8日，被告青岛市地税稽查局检查了原告青岛丽东化工有限公司2007年1月1日至2012年12月31日的涉税情况。

2014年5月22日，被告作出青地税稽处（2014）56号《税务处理决定书》责令原告补缴2007年至2011年土地使用税及滞纳金，并送达原告。原告对该处理决定不服，向青岛市人民政府提起行政复议，青岛市人民政府维持了被告作出的《税务处理决定书》，后青岛丽东化工有限公司提起上诉。

一审中原告认为，涉案土地在征税期间系海域，不是征收土地使用税的对象。因此也不应该缴纳土地使用税。

一审驳回原告青岛丽东化工有限公司的诉讼请求，青岛丽东化工有限公司不服又上诉，法院驳回上诉，维持原判。

案情解析：

本案中，原告青岛丽东化工有限公司认为涉案土地性质为海域，但根据《中华人民共和国海域使用管理法》第三条规定："单位和个人使用海域，必须依法取得海域使用权。"第十九条规定，"海域使用申请经依法批准后……向海域使用申请人颁发海域使用权证书。海域使用申请人自领取海域使用权证书之日起，取得海域使用权。"而青岛丽东化工有限公司并未就该涉案土地取得海域使用权证，税务局据此认为原告应缴纳土地使用税，并根据2012年1月31日该涉案土地被认定为滩涂用地，系国家土地分类的一种，所以税局认为原告作为使用权人应当依法缴纳土地使用税。

《中华人民共和国城镇土地使用税暂行条例》第六条规定："下列土地免缴土地使用税：……（六）经批准开山填海整治的土地和改造的废弃土地，从使用的月份起免缴土地使用税5年至10年……"《国家税务局关于土地使用税若干具体问题的解释和暂行规定》第十三条规定："关于开山填海整治的土地和改造的废弃土地及其免税期限的确定开山填海整治的土地和改造的废弃土地，以土地管理机关出具的证明文件为依据确定……"对于涉案140 900.86平方米的滩涂用地，其系填海造地，根据以上规定，涉案土地可以享受免缴土地使用税5至10年的税收减免政策，但必须“经批准”，必须出具“土地管理机关出具的证明文件”。也就是说，原告就涉案土地本可以获得免税，但是因原告未能提供税务机关针对涉案土地的免税审批文件，而被判决缴纳土地使用税和滞纳金。

9.5 申请享受城镇土地使用税困难减免优惠的，没有按规定办理减免税核准手续，自行少计算缴纳税款的

9.5.1 基本情况（见表9–5）

表 9–5　未办理手续自行少计算缴纳城镇土地税税款的纳税风险分析

序号	税种	风险环节	风险要素	具体税收风险描述	风险易发行业
5	城镇土地使用税	税源登记	减免核准	申请享受城镇土地使用税困难减免优惠的，没有按规定办理减免税核准手续，自行少计算缴纳税款的	所有行业

9.5.2 基本规定

《中华人民共和国城镇土地使用税暂行条例》第七条规定，除该条例第六条规定外，纳税人缴纳土地使用税确有困难需要定期减免的，由县以上地方税务机关批准。

《国家税务总局关于下放城镇土地使用税困难减免税审批权限有关事项的公告》（国家税务总局公告2014年第1号）决定把城镇土地使用税困难减免税（以下简称“困难减免税”）审批权限下放至县以上地方税务机关。困难减免税按年审批，纳税人申请困难减免税应在规定时限内向主管税务机关或有权审批的税务机关提交书面申请并报送相关资料。纳税人报送的资料应真实、准确、齐全。

【例9–8】

《国家税务总局江苏省税务局关于城镇土地使用税困难减免税办理有关事项的公告（征求意见稿）》公开征求意见

为深入贯彻落实党中央、国务院关于实施新的组合式税费支持政

策的重大决策部署，应对新一轮疫情给我省企业带来的影响和冲击，进一步加大帮助相关市场主体纾困解难的力度，减轻困难企业税费负担，确保相关纳税人能够及时精准享受城镇土地使用税困难减免税优惠政策，根据《中华人民共和国城镇土地使用税暂行条例》（国务院令第17号）规定，国家税务总局江苏省税务局对《关于明确城镇土地使用税困难减免税有关事项的公告》（苏地税规〔2014〕6号）进行修订，起草了《国家税务总局江苏省税务局关于城镇土地使用税困难减免税办理有关事项的公告（征求意见稿）》。现向社会公开征求意见，欢迎有关单位和社会各界人士就有关内容提出宝贵意见和建议。

国家税务总局江苏省税务局

2022年4月29日

国家税务总局江苏省税务局关于城镇土地使用税困难减免税办理有关事项的公告

（征求意见稿）

根据《中华人民共和国城镇土地使用税暂行条例》（国务院令第17号）规定，现将我省城镇土地使用税困难减免税（以下简称困难减免税）办理的有关事项公告如下：

一、纳税人符合以下情形之一的，可申请困难减免：

（一）因全面停产、停业（不包括季节性停产、停业和政府责令停产、停业）半年以上，缴纳城镇土地使用税确有困难的；

（二）因风、火、水、地震等造成的严重自然灾害或其他不可抗力因素，或突发公共卫生事件、公共安全事件，导致纳税人遭受较大损失或正常生产经营活动受到较大影响，缴纳城镇土地使用税确有困难的；

（三）从事国家产业结构调整指导目录的鼓励类产业，缴纳城镇土地使用税确有困难的；

（四）依法进入破产程序的企业，资产不足清偿全部或者到期债务，其土地闲置不用，缴纳城镇土地使用税确有困难的；

（五）纳入设区市级以上重大项目、重点项目清单或计划的项目建设单位，在项目建设周期内，缴纳城镇土地使用税确有困难的；

（六）从事救助、救济、助残、教育、科学、文化、卫生、体育、环境保护、社会公共设施建设、其他社会公共和福利事业，依法应缴纳城镇土地使用税的非营利法人和群众团体等，缴纳城镇土地使用税确有困难的。

“缴纳城镇土地使用税确有困难”是指在申请的减免税所属年度期末，纳税人货币资金在扣除应付职工工资、社会保险费后，不足以缴纳税款的；或年度亏损金额超过50万元且亏损金额占收入总额的比重超过10%的。

二、纳税人存在下列情形之一的，不得申请困难减免：

1.从事国家产业结构调整指导目录的限制类或淘汰类产业的用地；

2.除经批准开发建设经济适用房的用地外的各类房地产开发用地；

3.财政部、国家税务总局规定不得申请困难减免的其他情形。

三、申请办理

城镇土地使用税困难减免税按年核准。符合困难减免情形的纳税人，应于年度终了后的次年6月30日前，向土地所在地的主管税务机关提出减免申请，并真实、准确、完整提供下列书面资料：

（一）纳税人减免税申请核准表。

（二）减免税申请报告，列明纳税人基本情况、申请减免税的理由、依据、范围、期限、数量、金额等。

（三）土地权属证明或其他证明纳税人使用土地的材料。

（四）减免税所属年度财务报表，其他涉税事项已提供的可不再提供；因货币资金在扣除应付职工工资、社会保险费后不足以缴纳税款申请减免的，需提供减免税所属年度期末货币资金余额情况及所有银行存款账户的对账单、应付职工工资和社会保险费等支出预算资料。

（五）与减免依据或理由相关的资料：

1.因停产、停业申请减免的，应附报减免所属年度内水、电、气等使用情况明细或其他可以证明停产、停业的相关材料。

2.因不可抗力因素等申请减免的，应提供减免所属期气象部门发布的气象信息、相关受灾证据（书证、物证等）、保险公司理赔证明或其他能够证明纳税人纳税困难的资料；因突发公共卫生事件、公共安全事件申请减免的，应提供减免所属期卫生健康部门发布的突发公共卫生事件信息、应急管理部门发布的突发公共安全事件信息以及其他能够证明纳税人纳税困难的资料。

3.从事国家产业结构调整指导目录的鼓励类产业，应提供摘录相关内容的资料，具体包括目录名称、公布年份、适用的行业大类和小类名称。

4.依法进入破产程序的企业申请减免的，应提供人民法院受理破产申请的裁定文书。

5.设区市级以上重大项目、重点项目，应提供纳入设区市级以上重点项目、重大项目清单或计划等材料。

6.从事救助、救济、助残、教育、科学、文化、卫生、体育、环境保护、社会公共设施建设、其他社会公共和福利事业，依法应缴纳城镇土地使用税的非营利法人和群众团体等，应提供登记或成立的相关材料。

四、对纳税人提出的困难减免税申请，应当根据以下情况分别作出处理：

（一）申请的减免税资料存在错误的，应当告知纳税人并允许其更正；

（二）申请的减免税资料不齐全或者不符合法定形式的，应当场一次性书面告知纳税人；

（三）申请的减免税资料齐全、符合法定形式的，或者纳税人按照税务机关的要求补正全部减免税资料的，应当受理纳税人的申请。

受理减免税申请，应当出具加盖本机关印章和注明日期的书面凭证。

五、困难减免税由市或县（市、区）税务机关负责核准。核准机关应在受理纳税人申请后的20个工作日内作出予以减免或不予减免的决定。对骗取减免税的，追缴已享受的减免税税款，并依照税收征管法及其实施细则的有关规定处理。

六、本公告自2022年1月1日起施行，《关于明确城镇土地使用税困难减免税有关事项的公告》（苏地税规〔2014〕6号）同时废止。此前已发生未处理的事项，按照本公告执行，已处理的事项不再调整。

特此公告。

国家税务总局江苏省税务局

9.6　跨区土地税源未进行信息报告，导致城镇土地使用税漏缴

9.6.1　基本情况（见表9–6）

表 9–6　跨区土地税源未进行信息报告，导致城镇土地使用税漏缴的纳税风险分析

序号	税种	风险环节	风险要素	具体税收风险描述	风险易发行业
6	城镇土地使用税	税源登记	纳税地点	跨区土地税源未进行信息报告，导致城镇土地使用税漏缴	所有行业

9.6.2　基本规定

《中华人民共和国城镇土地使用税暂行条例》第十条规定，土地使用税由土地所在地的税务机关征收。土地管理机关应当向土地所在地的税务机关提供土地使用权属资料。

一些地方税务机关对跨区土地税源管理进行了明确的规定，例如《大连市地方税务局关于进一步明确跨区房产（土地）相关税收事宜的通告》（大地税告〔2015〕9号）：各区市县地方税务局征管服务的纳税人拥有坐落在非本行政区域内的房产（土地）的，应当办理跨区房产（土地）登记，由房产（土地）坐落地主管地税机关负责该房产（土地）的税收管理。纳税人之前向主管地税机关申报的房产（土地）税源信息有错漏的，应当在2015年6月24日前向主管地税机关申报补正房产（土地）税源信息，逾期补正的比照“新发生跨区房产（土地）纳税义务的”自行办理。

【例9-9】

一公司注册地在大连沙河口区，拥有大连开发区双港区的土地使用权，那么城镇土地使用税应在哪里缴纳？如果在开发区地税局缴纳，申请减免税能向主管税务局（沙河口地税局）申请吗？

根据《中华人民共和国城镇土地使用税暂行条例》第十条规定：土地使用税由土地所在地的税务机关征收。土地管理机关应当向土地所在地的税务机关提供土地使用权属资料。因此，如果公司在注册地以外的异地购置了土地，应在土地所在地缴纳土地使用税。因此，你单位注册登记在沙河口区，在双港的土地需到开发区地税局申报缴纳城镇土地使用税。申请减免税也需要到开发区地税局申请。

第 10 章

其他税种纳税风险点案例分析

10.1 未按依法实际缴纳的增值税、消费税为计税依据计算申报缴纳城市维护建设税、教育费附加、地方教育费附加

10.1.1 基本情况（见表10-1）

表 10-1 未正确申报缴纳城市维护建设税、教育费附加、地方教育附加的纳税风险分析

序号	税种	风险环节	风险要素	具体税收风险描述	风险易发行业
1	城市建设维护税、教育费附加、地方教育费附加	申报缴税	计税依据	未按依法实际缴纳的增值税、消费税为计税依据计算申报缴纳城市维护建设税、教育费附加、地方教育费附加	所有行业

10.1.2 基本规定

《财政部 国家税务总局关于城市维护建设税计税依据确定办法等事项的公告》（财政部 税务总局公告2021年第28号）规定，城市维护建设税以纳税人依法实际缴纳的增值税、消费税税额（以下简称“两税税额”）为计税依据。

依法实际缴纳的两税税额，是指纳税人依照增值税、消费税相关法律法规和税收政策规定计算的应当缴纳的两税税额（不含因进口货物或境外单位和个

人向境内销售劳务、服务、无形资产缴纳的两税税额），加上增值税免抵税额，扣除直接减免的两税税额和期末留抵退税退还的增值税税额后的金额。

直接减免的两税税额，是指依照增值税、消费税相关法律法规和税收政策规定，直接减征或免征的两税税额，不包括实行先征后返、先征后退、即征即退办法退还的两税税额。

教育费附加、地方教育附加计征依据与城市维护建设税计税依据一致，按公告第一条规定执行。

《国家税务总局关于城市维护建设税征收管理有关事项的公告》（国家税务总局公告2021年第26号）规定，依法实际缴纳的增值税税额，是指纳税人依照增值税相关法律法规和税收政策规定计算应当缴纳的增值税税额，加上增值税免抵税额，扣除直接减免的增值税税额和期末留抵退税退还的增值税税额（以下简称留抵退税额）后的金额。

具体计算公式如下：

依法实际缴纳的增值税税额=纳税人依照增值税相关法律法规和税收政策规定计算应当缴纳的增值税税额+增值税免抵税额–直接减免的增值税税额–留抵退税额

【例10–1】

位于某市市区的甲企业（城建税适用税率为7%），由于申报错误未享受优惠政策，2021年12月申报期，申请退还了多缴的增值税和消费税共150万元，同时当月享受增值税即征即退税款100万元，该企业12月应退税的城建税为：

150×7%=10.5（万元）

10.2 未按所在地区适用税率申报纳税，混淆适用税率进行纳税申报

10.2.1 基本情况（见表10–2）

表10–2 未按所在地区适用税率或混淆适用税率的纳税风险分析

序号	税种	风险环节	风险要素	具体税收风险描述	风险易发行业
2	城市维护建设税	申报缴税	税目税率	未按所在地区适用税率申报纳税，混淆适用税率进行纳税申报	所有行业

10.2.2　基本规定

《中华人民共和国城市维护建设税法》规定，城市维护建设税税率如下：

（一）纳税人所在地在市区的，税率为7%；

（二）纳税人所在地在县城、镇的，税率为5%；

（三）纳税人所在地不在市区、县城或者镇的，税率为1%。

前款所称纳税人所在地，是指纳税人住所地或者与纳税人生产经营活动相关的其他地点，具体地点由省、自治区、直辖市确定。

《国家税务总局关于城市维护建设税征收管理有关事项的公告》（国家税务总局公告2021年第26号）规定，城建税纳税人按所在地在市区、县城、镇和不在上述区域适用不同税率。市区、县城、镇按照行政区划确定。

行政区划变更的，自变更完成当月起适用新行政区划对应的城建税税率，纳税人在变更完成当月的下一个纳税申报期按新税率申报缴纳。

【例10–2】

位于某市市区的甲企业（城建税适用税率为7%），2021年10月申报期，享受直接减免增值税优惠（不包含先征后退、即征即退，下同）后申报缴纳增值税50万元，9月已核准增值税免抵税额10万元（其中涉及出口货物6万元，涉及增值税零税率应税服务4万元），9月收到增值税留抵退税额5万元，该企业10月应申报缴纳的城建税为：

（50+6+4−5）×7%=3.85（万元）

位于某县县城的乙企业（城建税适用税率为5%），2021年10月申报期，享受直接减免增值税优惠后申报缴纳增值税90万元，享受直接减免消费税优惠后申报缴纳消费税30万元，该企业10月应申报缴纳的城建税为：

（90+30）×5%=6（万元）

10.3 挂车等无须购买和未及时购买交强险的车辆，未申报缴纳车船税

10.3.1 基本情况（见表10-3）

表 10-3 挂车等无须购买和未及时购买交强险的车辆，未申报缴纳车船税的纳税风险分析

序号	税种	风险环节	风险要素	具体税收风险描述	风险易发行业
3	车船税	申报缴税	征税对象	挂车等无须购买和未及时购买交强险的车辆，未申报缴纳车船税	所有行业

10.3.2 基本规定

《国家税务总局关于车船税征管若干问题的公告》（国家税务总局公告2013年第42号）规定，纳税人在购买“交强险”时，由扣缴义务人代收代缴车船税的，凭注明已收税款信息的“交强险”保险单，车辆登记地的主管税务机关不再征收该纳税年度的车船税。再次征收的，车辆登记地主管税务机关应予退还。未购买交强险的车辆，纳税人需申报缴纳车船税。

《中华人民共和国车船税法实施条例》（中华人民共和国国务院令第611号）第十四条规定，纳税人没有按照规定期限缴纳车船税的，扣缴义务人在代收代缴税款时，可以一并代收代缴欠缴税款的滞纳金。

《大连市地方税务局关于车船税征收管理有关事宜的公告》（大地税公告〔2011〕19号）规定了车船税申报纳税期限：

车船税按年申报，分月计算，一次性缴纳。纳税年度为公历1月1日至12月31日。具体申报纳税期限为：（一）依法应当购买机动车第三者责任强制保险（以下简称“交强险”）的车辆，纳税人在会计年度内，在购买交强险的同时一次性申报缴纳车船税。（二）不购买交强险的应税车辆，纳税人在会计年度内，自行向车船税主管地税机关申报缴纳车船税。

纳税人在会计年度内未按照规定期限缴纳车船税的，自次年1月1日起，按照《中华人民共和国税收征收管理法》有关规定加收滞纳金。扣缴义务人在代收代缴车船税时，应一并代收代缴欠缴税款的滞纳金。

【例10–3】

有企业提问，“营改增”后，保险公司把相应保费开具了增值税专用发票，可是车船税的票他们连普票都开不了，只在交强险发票里的备注里注明购买了多少钱的车船税，可是没票企业财务做不了账，请问怎么解决这个问题？

税务机关解答：

1.车辆保险费，取得增值税专用发票，可以按照相关规定抵扣进税额；

2.相关政策规定，保险机构作为车船税扣缴义务人在开具增值税发票时，应在增值税发票备注栏中注明代收车船税信息，具体包括：保险单号、代收车船税、滞纳金、含车船税合计等，作为纳税人报账凭证；

3.企业可以凭保险公司开具的发票的备注栏记载的车船税合计来入账，即增值税发票作为纳税人报账凭证，报账金额包括增值税发票备注栏注明的车船税合计（包括税款和滞纳金）。

10.4 车船用于抵债期间，持有抵债车船方，未申报车船税

10.4.1 基本情况（见表10–4）

表 10–4 车船用于抵债期间，持有方未申报车船税的纳税风险分析

序号	税种	风险环节	风险要素	具体税收风险描述	风险易发行业
4	车船税	申报缴税	征税对象	车船用于抵债期间，持有抵债车船方，未申报车船税	所有行业

10.4.2 基本规定

《中华人民共和国车船税暂行条例》第一条规定，在中华人民共和国境内，车辆、船舶的所有人或者管理人为车船税的纳税人，应当依照该条例的规定缴纳车船税。

第九条规定，车船的所有人或者管理人未缴纳车船税的，使用人应当代为缴纳车船税。

【例10-4】

金融企业抵债资产持有环节税收处理：

大多数抵债资产取得后不能立即变现，会持有一定的时间。同时为提高抵债资产的持有效率，债权人会在处置抵债资产前将其出租或自用。抵债资产持有环节涉及税收处理如下：

1.增值税。抵债资产包括房产、土地使用权、机器设备、交通工具、商品物资等资产。在未出售前，具备条件的这些抵债资产可以用于出租，需计征增值税。

2.所得税。抵债资产持有环节的收益应按规定计入所得税应税收入。抵债资产提取的折旧费用和无形资产摊销费用可以在税前扣除。《企业债务重组业务所得税处理办法》规定：债权人（企业）取得的非现金资产，应当按照该有关资产的公允价值（包括与转让资产有关的税费）确定其计税成本，据以计算可以在企业所得税前扣除的固定资产折旧费用、无形资产摊销费用或者结转商品销售成本等。因此金融企业在计算所得税扣除项目时，不要遗漏抵债固定资产的折旧费用、无形资产摊销费用等。

3.印花税。将抵债资产出租时，应按《中华人民共和国印花税法》中列举的租赁合同缴纳印花税。

4.房产税。金融企业通过抵债方式获得了抵债房地产的所有权，应按规定缴纳房产税。《中华人民共和国房产税暂行条例》规定，房产出租的，以房产租金收入为房产税的计税依据，税率为12%；未出租的则按金融企业会计账簿抵债房产原值一次减除10%至30%后的余值计算缴纳，税率为1.2%。

5.城镇土地使用税。根据税法规定，土地使用税由拥有土地使用权的单位或个人缴纳，所以金融企业拥有的土地使用权应缴纳土地使用税。

6.车船税。金融企业拥有并且使用抵债的车船时，应按《中华人民共和国车船税法》缴纳车船税。

10.5 开采或者生产能源矿产、金属矿产、非金属矿产、水气矿产、盐未申报资源税

10.5.1 基本情况（见表10-5）

表 10-5　未申报资源税的纳税风险分析

序号	税种	风险环节	风险要素	具体税收风险描述	风险易发行业
5	资源税	申报缴税	征税对象	开采或者生产能源矿产、金属矿产、非金属矿产、水气矿产、盐未申报资源税	开发资源税应税产品行业

10.5.2 基本规定

《中华人民共和国资源税法》规定了资源税征税范围包括能源矿产、金属矿产、非金属矿产、水气矿产和盐5大类共164个税目，具体的税目和税率如表10-6所示。

表 10-6　资源税税目和税率

税目			征税对象	税率
能源矿产	原油		原矿	6%
	天然气、页岩气、天然气水合物		原矿	6%
	煤		原矿或者选矿	2%—10%
	煤成（层）气		原矿	1%—2%
	铀、钍		原矿	4%
	油页岩、油砂、天然沥青、石煤		原矿或者选矿	1%—4%
	地热		原矿	1%—20%或者每立方米1—30元
金属矿产	黑色金属	铁、锰、铬、钒、钛	原矿或者选矿	1%—9%
	有色金属	铜、铅、锌、锡、镍、锑、镁、钴、铋、汞	原矿或者选矿	2%—10%
		铝土矿	原矿或者选矿	2%—9%
		钨	选矿	6.5%
		钼	选矿	8%
		金、银	原矿或者选矿	2%—6%
		铂、钯、钌、锇、铱、铑	原矿或者选矿	5%—10%

续表

税目			征税对象	税率
金属矿产	有色金属	轻稀土	选矿	7%—12%
		中重稀土	选矿	20%
		铍、锂、锆、锶、铷、铯、铌、钽、锗、镓、铟、铊、铪、铼、镉、硒、碲	原矿或者选矿	2%—10%
非金属矿产	矿物类	高岭土	原矿或者选矿	1%—6%
		石灰岩	原矿或者选矿	1%—6%或者每吨（或者每立方米）1—10元
		磷	原矿或者选矿	3%—8%
		石墨	原矿或者选矿	3%—12%
		萤石、硫铁矿、自然硫	原矿或者选矿	1%—8%
		天然石英砂、脉石英、粉石英、水晶、工业用金刚石、冰洲石、蓝晶石、硅线石(矽线石)、长石、滑石、刚玉、菱镁矿、颜料矿物、天然碱、芒硝、钠硝石、明矾石、砷、硼、碘、溴、膨润土、硅藻土、陶瓷土、耐火粘土、铁矾土、凹凸棒石粘土、海泡石粘土、伊利石粘土、累托石粘土	原矿或者选矿	1%—12%
		叶蜡石、硅灰石、透辉石、珍珠岩、云母、沸石、重晶石、毒重石、方解石、蛭石、透闪石、工业用电气石、白垩、石棉、蓝石棉、红柱石、石榴子石、石膏	原矿或者选矿	2%—12%
		其他粘土(铸型用粘土、砖瓦用粘土、陶粒用粘土、水泥配料用粘土、水泥配料用红土、水泥配料用黄土、水泥配料用泥岩、保温材料用粘土)	原矿或者选矿	1%—5%或者每吨（或者每立方米）0.1—5元
	岩石类	大理岩、花岗岩、白云岩、石英岩、砂岩、辉绿岩、安山岩、闪长岩、板岩、玄武岩、片麻岩、角闪岩、页岩、浮石、凝灰岩、黑曜岩、霞石正长岩、蛇纹岩、麦饭石、泥灰岩、含钾岩石、含钾砂页岩、天然油石、橄榄岩、松脂岩、粗面岩、辉长岩、辉石岩、正长岩、火山灰、火山渣、泥炭	原矿或者选矿	1%—10%

续表

税目			征税对象	税率
非金属矿产	岩石类	砂石	原矿或者选矿	1%—5%或者每吨（或者每立方米）0.1—5元
	宝玉石类	宝石、玉石、宝石级金刚石、玛瑙、黄玉、碧玺	原矿或者选矿	4%—20%
水气矿产	二氧化碳气、硫化氢气、氦气、氡气		原矿	2%—5%
	矿泉水		原矿	1%—20%或者每立方米1—30元
盐	钠盐、钾盐、镁盐、锂盐		选矿	3%—15%
	天然卤水		原矿	3%—15%或者每吨（或者每立方米）1—10元
	海盐			2%—5%

【例10-5】

某矿山开采企业为增值税一般纳税人，假定2020年10月与甲公司签订销售合同，向其销售自行开采的资源税应税矿产品100吨并由矿山企业运输部门送货上门，每吨不含税价为1万元，另外收取从坑口至甲公司运费10万元。

问题一：该矿山企业应如何缴纳增值税?

解答：财税〔2016〕36号文件明确，一项销售行为如果既涉及货物又涉及服务，为混合销售。从事货物的生产、批发或者零售的单位和个体工商户的混合销售行为，按照销售货物缴纳增值税；其他单位和个体工商户的混合销售行为，按照销售服务缴纳增值税。

依据上述文件规定，该矿山企业2020年10月属于发生了销售货物同时提供运输服务的混合销售业务，应就收取的全部费用按货物适用税率13%缴纳增值税，计税依据为：

100×1+10÷（1+13%）=108.85（万元）

问题二：该矿山企业应如何缴纳资源税?

解答：财政部、税务总局公告2020年第34号规定（该公告自2020年9月1日起施行），资源税应税产品的销售额，按照纳税人销售应税产品向购买方收取的全部价款确定，不包括增值税税款。

计入销售额中的相关运杂费用，凡取得增值税发票或者其他合法有效凭据的，准予从销售额中扣除。

相关运杂费用是指应税产品从坑口或者洗选（加工）地到车站、码头或者购买方指定地点的运输费用、建设基金以及随运销产生的装卸、仓储、港杂费用。

对于从价计征的资源税应税矿产品，资源税的计税依据与增值税计税依据不完全相同。相同的是均不含增值税税款；不同的是，由于资源税是对境内开采应税矿产品的行为征税，因此纳税人收取的款项中对应于在开采行为之后发生的运杂费不作为计税依据。

10.6 免税车辆因转让、改变用途等原因，其免税条件消失的，未在免税条件消失之日起60日内到主管税务机关重新申报纳税

10.6.1 基本情况（见表10-7）

表 10-7 免税车辆因转让、改变用途等原因，其免税条件消失的，未在免税条件消失之日起 60 日内到主管税务机关重新申报纳税的纳税风险分析

序号	税种	风险环节	风险要素	具体税收风险描述	风险易发行业
6	车辆购置税	申报缴税	征税对象	免税车辆因转让、改变用途等原因，其免税条件消失的，未在免税条件消失之日起60日内到主管税务机关重新申报纳税	所有行业

10.6.2 基本规定

《中华人民共和国车辆购置税法》第十四条规定：免税、减税车辆因转让、改变用途等原因不再属于免税、减税范围的，纳税人应当在办理车辆转移登记或者变更登记前缴纳车辆购置税。计税价格以免税、减税车辆初次办理纳税申报时确定的计税价格为基准，每满一年扣减百分之十。

【例10-6】

在国外取得硕士学位的小高毕业后归国购买了国产车享受车辆购置税免税，一年后，车辆过户给宁波土著小新，免税条件消失，小新需要在办理过户之日起60日内申报缴纳车辆购置税（原车辆购置税的90%）（根据相关规定，车辆购置税从购车之日起以每年10%进行递减，满10年就可以正常过户）。

10.7 残疾人就业保险金应申报未申报

10.7.1 基本情况（见表10-8）

表10-8 残疾人就业保险金应申报未申报的纳税风险分析

序号	税种	风险环节	风险要素	具体税收风险描述	风险易发行业
7	残疾人就业保障金	申报缴纳	征税对象	残疾人就业保险金应申报未申报	所有行业

10.7.2 基本规定

《财政部 国家税务总局 中国残疾人联合会关于印发〈残疾人就业保障金征收使用管理办法〉的通知》（财税〔2015〕72号）、《残疾人保障法》和《残疾人就业条例》对残疾人就业保险金进行了规定：自2020年1月1日起，保障金实行分档征收，用人单位安排残疾人就业比例1%（含）以上但低于1.5%的，三年内按应缴费额50%征收；1%以下的，三年内按应缴费额90%征收；对在职职工总数30人（含）以下的企业，暂免征收保障金。

【例10-7】

宁波市有关部门规定，用人单位安排残疾人就业的比例不得低于本单位在职职工总数的1.5%。安排残疾人就业比例未达到本单位在职职工总数1.5%的用人单位，应按规定缴纳残疾人就业保障金（以下简称“残保金”）。

残保金年缴纳额=（上年度用人单位在职职工人数×1.5%－上年用人单位实际安排的残疾人就业人数）×上年度用人单位在职职工年平均工资

需要说明的是，用人单位在职职工年平均工资的计算口径，按国家统计局关于工资总额组成的有关规定执行。

2021年和2022年残保金仍按每人每月20元或24元标准执行；2023年以上年度用人单位在职职工年平均工资为标准，征收2022年全年费款，单位平均工资上限为当地社平工资的1倍；自2024年起，单位平均工资上限为当地社平工资的2倍。

目前，残保金相关优惠政策有两个。一是针对小微企业残保金的优惠政策，自2020年1月1日起至2022年12月31日，在职职工人数在30人（含）以下的企业，暂免征收残疾人就业保障金。二是分档征收优惠政策，自2020年1月1日起至2022年12月31日，将残保金由单一标准征收调整为分档征收，用人单位安排残疾人就业比例1%（含）以上但低于1.5%的，按应缴费额50%征收；1%以下的，按应缴费额90%征收。

现举例如下：

假设2022年和2023年的省社平工资为79 133元，某公司在职职工人数为100人，未安置残疾人就业，在职职工平均工资为160 000元。因为2023年的上年度用人单位在职职工年平均工资160 000超过当地社会平均工资1倍以上的，取两者低值，按1倍计算，需缴残保金：（100×1.5%−0）×79 133=118 699.5元；同理，2024年的上年度用人单位在职职工年平均工资超过当地社会平均工资2倍以上的，取两者低值，按2倍计算，需缴残保金：（100×1.5%−0）×79 133×2=237 399元。

但只要2022年该公司安置了残疾人，残保金的计算结果会大有不同。假设其他条件都不变，公司安置了1个残疾人，则2023年需缴残保金：（100×1.5%−1）×79 133=39 566.5元；2024年需缴残保金：（100×1.5%−1）×79 133×2=79 133元。如果安置了2个残疾人，那么安排残疾人就业比例超过了1.5%，2023年和2024年都无须缴纳残保金了。

这里要特别注意，因为2023年度计算的残保金是以2022年度的在职职工人数、安排残疾人就业人数为依据，公司只有在2022年度1月就安排残疾人就业才能最大限度享受优惠政策。

10.8　个人所得税申报的单位职工人数、单位职工工资总额与残疾人保障金申报信息不匹配

10.8.1　基本情况（见表10-9）

表 10-9　个人所得税申报信息与残疾人保障金申报信息不匹配的纳税风险分析

序号	税种	风险环节	风险要素	具体税收风险描述	风险易发行业
8	残疾人就业保障金	申报缴纳	征税对象	个人所得税申报的单位职工人数、单位职工工资总额与残疾人保障金申报信息不匹配	所有行业

10.8.2　基本规定

《财政部 国家税务总局 中国残疾人联合会关于印发〈残疾人就业保障金征收使用管理办法〉的通知》（财税〔2015〕72号）、《残疾人保障法》和《残疾人就业条例》规定：

用人单位在职职工，是指用人单位在编人员或依法与用人单位签订1年以上（含1年）劳动合同（服务协议）的人员。季节性用工应当折算为年平均用工人数。以劳务派遣用工的，由派遣单位和接受单位通过签订协议的方式协商一致后，将残疾人数计入其中一方的实际安排残疾人就业人数和在职职工人数，不得重复计算。

计算公式如下：

月在职职工平均人数=（月初在职职工人数+月末在职职工人数）÷2

年在职职工人数=月在职职工平均人数之和 ÷12

用人单位将残疾人录用为在编人员或依法与就业年龄段内的残疾人签订1年以上（含1年）劳动合同（服务协议），且实际支付的工资不低于当地最低工资标准，并足额缴纳社会保险费的，方可计入用人单位所安排的残疾人就业人数。各级残疾人就业服务机构进行审核后，确定用人单位实际安排的残疾人就业人数，出具《用人单位按比例安排残疾人就业确认书》，并实时提供给同级税务机关。

【例10-8】

建筑业是国民经济的支柱产业，与国民经济发展、人民生活改善有着密切关系。建筑行业存在经营周期长，机构所在地与项目施工地不一致、属于劳动密集型产业，从业人员数量庞大，流动性强、市场竞争激烈，挂靠、转包、分包现象普遍等特点。

在非税收入征收管理方面，建筑业主要存在以下几个方面的风险：

1.企业收入成本因发票取得困难，白条入账等问题核算混乱，可能存在因纳税义务发生时间确定困难而错误申报增值税，教育费附加和地方教育附加的计税依据错误的问题；

2.大量临时工、劳务派遣员工与季节性用工的存在，建筑业缴费人无法准确核算在职职工人数与职工工资，可能存在错误申报残疾人就业保障金及所申报职工薪金与企业所得税申报不一致的情况；

3.建筑行业因为错误申报扣除项目，异地预缴增值税时教育费附加和地方教育附加的计税依据错误的问题；

4.符合规定享受减免政策的缴纳义务人自行申报减免，可能存在缴纳义务人未申报享受减免或超过自产自用范围享受免征政策的情况；

5.两费附加申报过程中，缴纳义务人享受增值税增量留抵退税政策，因电子税务局系统原因，可能出现申报数据不准确，导致两费附加存在多征的风险。